SCHWARZWALD

ERICH SPIEGELHALTER
HANS-JÜRGEN TRUÖL

HERDER FREIBURG · BASEL · WIEN

Schwarzwald. Sich in den dunklen Waldungen zu verlieren und oben auf der lichtüberfluteten Kammlinie wiederzufinden. Hinabzuklettern und aufzusteigen, das Naheliegende im Blick und die Ferne.

Er gilt als typisch deutsche Landschaft. Ja, fast ist er zum Inbegriff unseres Landes geworden. Warum dies so ist, kann nur mit den Gefühlen erklärt werden, die der Schwarzwald bei uns und jenseits der Grenzen wachruft. Und – seltsam – wenngleich der schwarze Wald doch eher abweisend klingt und voller Dunkelheit, so sind die Stimmungen und Erinnerungen, die wir mit ihm verbinden, meist angenehm und harmonisch.

Auf unsere Vorfahren freilich wirkte dieses riesige Waldgebirge abstoßend und abweisend. Ob Kelten oder Römer, Alamannen oder Franken: sie alle umgingen, wenn möglich, die undurchdringlichen Wälder und schreckten Jahrhunderte hindurch vor der Besiedelung der wuchtigen Bergketten und gebuckelten Hochebenen zurück. 763 wird er in den historischen Quellen zum erstenmal „Silva Nigra" genannt, „Swarzwald" heißt er auf deutsch seit 868.

Ich empfinde diesen Namen als völlig irreführend. Denn schwarz wirkt er nur aus großer Entfernung, im grellen Gegenlicht oder nachts. Und ein geschlossenes Waldgebiet wie zur Römerzeit ist er auch längst nicht mehr. Vielmehr ist er von Vielfalt geprägt: Wald und Weide, Wiese und Wasser, Natur- und Kulturlandschaft in einem. Ein Gebiet, wie geschaffen, es zu erfahren; nein, besser: zu erwandern.

Der Schwarzwald hat schon hinter sich, was den Alpen noch bevorsteht: den erdgeschichtlichen Schliff. So ist der Blick vom Belchengipfel über die Höhenzüge des Hotzenwaldes und die Nebelbänke im Hochrheintal zur gezackten Kette der Berner Alpen unvergeßlich, weil er die Kontraste schön vor Augen führt. Vom Blauen-Turm im Südschwarzwald ist das Panorama nicht weniger eindrucksvoll.

Einen größeren Wald als den Schwarzwald gibt es in ganz Deutschland nicht. Fast 400 000 Hektar beträgt seine Grundfläche zwischen Karlsruhe im Norden und Lörrach im Süden, zwischen Lahr im Westen und Villingen im Osten. Und sein höchster Gipfel, der nicht weit von Freiburg entfernte Feldberg, ist mit 1493 Metern die höchste Erhebung Deutschlands außerhalb der Alpen.
Doch nicht wegen seiner meßbaren Daten, sondern wegen seiner Unermeßlich-

keit ist der Schwarzwald der Wald meiner Fantasie.
Um so bedrückender und ein Grund zum Schwarzärgern, daß der Schwarzwald unter sauren Schauern bis ins Mark leidet. Dabei wären nicht einmal sagenhafte Anstrengungen nötig, um für reine Luft am Oberrhein zu sorgen. Trotz aller äußeren Idylle ist der Schwarzwald von Nord nach Süd durch die Luftverschmutzung bedroht und gefährdet. Wie lange wird es dauern, bis wir beim Anblick gesunder Bäume wieder aufatmen können?

Bei Grafenhausen zeigt sich die durch Weiden und Wiesen aufgelockerte Waldregion im besten Licht zwischen Nacht und Tag. Ein Morgengrauen, das gerade das Gegenteil von grau und grauenvoll ist. Und im Ibachtal glänzt der Schwarzwald im schönsten Grün.

Der dunkle Tann ist die ursprüngliche Seelenlandschaft der Deutschen, die ihnen seit der Romantik ans Gemüt geht. Vom Waldesdom schwärmten Naturliebhaber und Reiseschriftsteller pathetisch, als sie im 19. Jahrhundert den Schwarzwald als Erholungslandschaft entdeckten und den Blick hinauf zu den grünen Wipfeln lenkten, durch die das Licht geheimnisvoll gebrochen wird.
Schon viele Jahre vor den ersten „Luftschnappern" aber verbanden sich mit den dichten Wäldern handfeste Wirtschaftsinteressen. Das mittelalterliche Amsterdam und seine Flotte war aus Schwarzwaldholz gebaut. Diese Baumriesen – die bis heute „Holländer" heißen – aus den Wäldern des Mittel- und Nordschwarzwaldes in die holländische Metropole zu transportieren, war ein mühsames Geschäft.
Der Holzhandel wäre ohne das Transportmittel Wasser auf der Strecke geblieben. So erarbeiteten die Waldbauern und Flößer ausgeklügelte Holztriften und Strömungsrinnen, über die die gefällten Tannen und Fichten wie auf einer Rutschbahn zu Tale sausten. Durch Dämme und Wehre wurden die zur Flößerei geeigneten Flüsse und Bäche aufgestaut, und wenn diese „Schwallungen" geöffnet waren, rissen die Wassermassen die Stämme mit sich. Besonders zur Schneeschmelze hatte die Flößerei seit dem 15. Jahrhundert Hochkonjunktur, und landeten die „Holländer" erst einmal im Rhein, wurden sie zu riesigen Flößen zusammengebunden. Bis zu hundert Flößer hatten auf diesen schwimmenden Holzgebilden Platz, und ihr Ziel waren die deutschen Reichsstädte am Rhein oder eben das „Venedig des Nordens".

Der Straßenbau ließ im Lauf der Zeit die Holzabfuhr einfacher und billiger werden als die Flößerei. Doch noch zu Beginn unseres Jahrhunderts trieben Holzflöße aus der Murg in den Rhein. Und wenn sich auch die Transportwege und -arten verändert haben, so besteht doch die Bedeutung des wertvollen Holzes unverändert weiter. Um den Schwarzwald als Rohstoffquelle zu nutzen, kam es schon früh zu einer geregelten Forstwirtschaft. Nicht alle Betrachter freilich sehen die riesigen Monokulturen gern, wenn sie in Reih und Glied Spalier stehen.

Dichte Nadelwälder sind im Schwarzwald noch genügend zu entdecken. Besonders reich an ausgedehnten Waldungen, die nicht nur aus der Vogelperspektive geheimnisvoll und undurchdringlich wirken, ist der Nordschwarzwald um Freudenstadt, Wildbad, Bad Herrenalb oder Bad Liebenzell.

Wenn auf den höchsten Gipfeln des Hochschwarzwaldes noch reichlich Schnee liegt, läßt der Frühling in der nahen Rheinebene die Menschen schon längst nicht mehr kalt. Dort, in der klimabegünstigten Vorbergzone zwischen Lörrach und Karlsruhe, hatten die Kelten und Römer auch ihre ersten Siedlungen gegründet und dem rauhen Waldgebirge die kalte Schulter gezeigt.

Die mit der Natur auf vertrautem Fuß stehenden Schäfer wissen genau, woher der Wind weht. Und so lassen sie ihre Herden am Kaiserstuhl oder am Nimberg überwintern, ehe sie im Frühling Schritt für Schritt durch die Täler nach Osten ziehen. Manche Hirten bleiben im Sommer auf den über 1000 m hoch gelegenen Bergweiden, andere wandern weiter zur Schwäbischen Alb. Noch vor Herbstbeginn aber wenden sie die Blicke wieder nach Westen, um in umgekehrter Richtung ins milde Rheintal zu gelangen. So schließt sich das Jahr und der Kreislauf im Schäferleben.

Steil fällt der Schwarzwald zum Rheintal ab, sein Fuß ist ein langgestreckter Wein- und Obstgarten. Wie einladend er sich zur Blüte zeigt, macht dieses „Schäferstündchen" auf dem Schönberg südlich von Freiburg klar.

ßung vornehmlich von den Donauquellen her und nicht vom Rheintal. Weite Gebiete blieben dennoch bis ins 19. Jahrhundert unbesiedelt. Das Höllental, das von Freiburg übers Himmelreich nach Hinterzarten führt und heute die wichtigste West-Ost-Verbindung zwischen dem Oberrheintal und Donaueschingen darstellt, galt noch vor zweihundert Jahren als Sackgasse. Erst als Marie Antoinette, die Tochter der Habsburger-Kaiserin Maria Theresia, von Wien nach Paris fuhr,

Wenn auch die Schwarzwaldhäuser geschlossen wirken, so sind ihre Bewohner doch nicht verschlossen. Zurückhaltend aber sind die Alemannen und Schwaben auf dem Wald, und skeptisch sowieso. Denn wer wie in diesen Holzhäusern bei der Bregquelle und bei Gütenbach in Waldeseinsamkeit lebt, der schließt nicht auf den ersten Blick Freundschaft mit dem Neuen und dem Fremden. Ist aber das Eis erst gebrochen, ist die Gastfreundschaft, die Herzlichkeit und Aufgeschlossenheit um so größer.

Wer auf dem Wald lebt, muß unter ein Dach. Je inniger es mit dem Gelände verschmilzt, desto wirksamer schützt es vor beißendem Wind und klirrendem Frost, vor peitschenden Regenschauern und meterhohem Schnee. Der Winter ist über der Tausendmetergrenze lang und hart, und nicht immer entspricht er dem bunten Bild der Werbeprospekte.
Etwa ab der Jahrtausendwende begann die systematische Erschließung dieses Urwaldes. Das Waldgebirge wurde von Klöstern und weltlichen Herrschaften als Siedlungsgebiet entdeckt und von allen Seiten angebohrt. Und da der Schwarzwald nur von Westen her wie ein steil aufragendes Gebirge wirkt, nach Osten hin aber sanft abfällt, erfolgte die Erschlie-

wurde der höllische Weg zu einer höfischen Passage ausgebaut. Und wenn sich heute die Blechlawinen von der Ebene her in und auf den Wald schieben, dann deswegen, weil ihre Insassen auf der Suche nach reiner Natur sind – die es nur noch dort gibt, wo keine gut ausgebaute Straße hinführt.
Unberührt vom Massenandrang liegen abseits der Durchgangsstrecken große Höfe und kleine Hüsle. Je reicher der Bauer, desto ausladender und einladender das Dach. Doch reich waren und wurden bei weitem nicht alle Handwerker und Taglöhner, nicht alle Knechte und Mägde, nicht alle Bauern, die ein Jahrtausend lang den Schwarzwald rodeten und in ihm Heimat, Freiheit und Wohlergehen suchten.

Selbstversorgung unter einem Dach: dies war ursprünglicher Zweck der Schwarzwälder Bauernhäuser. So finden sich in ihnen Wohn-, Schlaf- und Eßräume direkt bei den Ställen, den Vorrats- und Wirtschaftsräumen. Besonders auffällige, dominierende Schwarzwaldhöfe gibt es im Jostal und im Gutachtal, im Elz- und Simonswäldertal, um Bernau und Schönau. Je einsamer sie liegen, desto autarker sind sie angelegt. So war es reine Selbsterhaltung, daß neben dem Eindachhof ein Backhaus errichtet wurde und ein Speicher, womöglich eine Mühle und eine Säge, eine Hanfreibe und ein Bienenhaus, zur seelischen Erbauung eine kleine Kapelle.

Die Schwarzwälder waren und sind oft auf sich selbst angewiesen, auf ihre Zähigkeit, Zielstrebigkeit, auf ihre Findigkeit und das Vermögen, Entbehrungen zu ertragen. Wie ihre Häuser wirken sie introvertiert; zur Schau stellen möchten sie sich nicht.

Auch der Bollenhut, das i-Tüpfeli jeglicher Schwarzwaldwerbung, zeigt deutlich den bäuerlichen Schnitt der Schwarzwaldtracht. Ihre Ursprünge reichen in das Barock- und Rokokozeitalter zurück. Daß die Tracht lebt, wird vielleicht am deutlichsten in Sankt Peter sichtbar, wenn viele junge Mädchen ihre Glasperlenkrone, Tschäppel genannt, gemessenen Schrittes rund um die herrliche Barockkirche tragen. Überhaupt ist die Kopfbedekkung der prägende Teil der Tracht – wie das Dach das Haus prägt: Bollenhut und Backenhaube, Schnapphütchen und Tschäppel, Goldhaube und Schnozhut.

Hoch über dem Wald und mitten im Wind: Ob wie oben am Wiedener Eck oder rechts am Brend – das Schwarzwaldhaus behütet und bedeckt, beschirmt und bewahrt.

Nur tausend Jahre reichen die ersten ernsthaften Besiedelungsanstrengungen im Schwarzwald zurück. Denn von der Steinzeit bis zu den Kelten blieb das abweisende Waldgebirge menschenleer, und auch die Römer richteten sich lieber in der Rheinebene und dem Donautal häuslich ein, wo sie mit Gutshöfen, Garnisonen und Badeanlagen antike Macht und Kultur verbreiteten. Dem Ansturm der aus Osten und Norden anbrandenden Stämme aber hatte das römische Weltreich im 3. und 4. Jahrhundert keinen entschiedenen Widerstand mehr entgegenzusetzen, und Südwestdeutschland geriet in alamannischen und fränkischen Besitz. Nicht nur die Herzöge und die karolingischen Dienstleute, sondern vor allem die Verkünder des sich stark entfaltenden Christentums machten den Schwarzwald urbar. Mutige Mönche – oft aus Irland oder Schottland ins germanische Barbarenland gewandert – stießen ins naturbeherrschte Neuland vor und gründeten Keimzellen des neuen Glaubens. Lange Jahre vergingen, bis sich aus diesen ersten Anfängen heraus die mächtigen Klöster bildeten, die gleichermaßen geistliche Zentren wie Vorposten weltlicher Macht waren. Sankt Trudpert, Gengenbach und Ettenheimmünster, später Sankt Blasien, Sulzburg und Waldkirch tasteten sich von den Vorbergzonen und Tälern Schritt für Schritt und Schnitt für Schnitt in den Wald vor, doch erst die Gründung von Sankt Georgen, Sankt Ulrich, Alpirsbach, Grafenhausen, Hirsau, Sankt Peter und Sankt Märgen leitete die eigentliche Erschließung des inneren Schwarzwaldes ein.

Ab der Jahrtausendwende geriet dieses unerforschte Waldgebirge auch wegen sei-

nes Holzreichtums und seiner Bodenschätze immer stärker in den Blickpunkt konkurrierender Mächte. Wie eine Perlenkette schlossen neue Städte den Schwarzwald ein, Burgen wiesen auf entstandene Territorien hin, und die noch aus der Römerzeit stammenden Straßenreste wurden zu einem ersten Wegenetz erweitert, das den Wald nicht nur umging, sondern seine wichtigsten Orte miteinander verband. Der Schwarzwald war nicht mehr die naturräumliche Barriere zwischen Ost und West, zwischen Römern und Germanen, zwischen Zähringern und Staufern, sondern zum eigenständigen Lebensraum geworden. Er wurde gerodet und durchforstet, ergründet und erkundet, genutzt und benutzt.

Die Klöster waren noch lange die Vorboten der neuen Zeit. Denn in ihnen schlug nicht nur das Herz des Christentums, sondern auch das einer ökonomischen Betrachtungsweise der Welt. Ohne die Verbindung beider Elemente wäre der Schwarzwald, dieser sich so sperrende Naturraum, vermutlich viele Jahrhunderte länger ein unzugänglicher Bannwald geblieben.

Symbolisieren nicht die Türme der Klosteranlagen von Sankt Trudpert im Münstertal (links) und von Sankt Märgen an der Panoramastraße zwischen Kandel und Thurner die Absicht ihrer Erbauer, menschliche Fixpunkte in eine Naturlandschaft zu stellen? Ob im Tal oder auf der Höhe: Orientierung hatten die Klöster allemal zu bieten.

Gut behütet zu sein, ist im Schwarzwald schon immer vordringlich gewesen. Um gut behütet zu sein, wurden die Schwarzwaldhäuser konstruiert. Innen mit dem „Herrgottswinkel“ und der „Kunscht“, draußen mit einem weit heruntergezogenen Dach. Diese Kapp' aus Stroh oder Schindeln reichte den Höfen bis weit über die Ohren, und die Geranien unter dem mächtigen Walm wirken wie rote Lippen.
Ein Schwarzwaldhaus ist eine eigene Welt. Eine Burg, ein Hort. Ein Heim für Mensch und Vieh, denn beide sind aufeinander angewiesen.
Im Freilichtmuseum „Vogtsbauernhöfe“ können wir in nächster Nachbarschaft die verschiedenen traditionellen Schwarzwald-Haustypen betrachten. Doch ob Hotzenwald- oder Schauinsland-, Gutachtal- oder Heidenhaus: naturnah sind sie allemal. Denn da die Schwarzwälder einst in der Natur von der Natur mit der Natur lebten, erbauten sie ihre Häuser natürlich. Gut, daß dies zur Anregung wenigstens im Museum erhalten bleibt. Auch die Erinnerung an Gerüche unter einem Dach. Da roch es nach dem Rindvieh im Stall und dem Schwein im Koben; nach dem würzigen, saftigen Schinken und der Buurebratwurscht, geräuchert im beißenden Qualm der dunklen Küche; nach Holzofenbrot und Kohlsuppe; nach feuchtem Strohlager und gewachsten Holzdielen; nach schwarzem Tabak und Chriesewässerli.
Unter diesem Dach wurde gebacken und gebrannt, gezimmert und gemolken, gesägt und gepreßt, gelitten und geliebt, gestillt und gebetet, geboren und gestorben.

Das Leben im Schwarzwald war für unsere Vorfahren oft bitter und herb; süß war nur der Honig. Bis ins 18. Jahrhundert war die ganze europäische Küche auf die Bienen angewiesen, deren Honig die Speisen süßte. Wohl dem, der Imker war. Im Vogtsbauernhof ist dies Korb für Korb, Wabe für Wabe noch zu sehen.

Wir sind uns einig: der Schwarzwald trägt seinen Namen zu Unrecht. Doch ob er auch zur Metapher für deutsche Natursehnsüchte geworden wäre, wenn er richtigerweise „Grünwald" hieße? Und auch eine solche Benennung träfe seine landschaftlichen Reize nicht völlig. Denn erst das farbige Zusammenspiel von Wald und Wiese, von Wasser und Wein prägt den Schwarzwald. 160 km beträgt seine größte Ausdehnung zwischen Ettlingen im Norden und Bad Säckingen am Hochrhein, an der Schweizer Grenze. In Ost-West-Richtung ist er zwischen 20 und 70 km breit. Nüchterne Zahlen lassen landschaftliche Vielfalt und Naturreichtum nicht ahnen, nicht sehen, riechen und atmen.

Im Hochschwarzwald steht die Weidewirtschaft noch in hoher Blüte. Das buntscheckige Schwarzwälder Vieh sorgt auf der immerwährenden Futtersuche während der Sommermonate dafür, daß die Landschaft „offengehalten" wird.

Vor allem auf diesen Weide-Wiesen entfaltet sich Sommer für Sommer ein wahrer Augen-Schmaus. Und wenn wir uns in diesen natürlich gewachsenen Gras- und Kräutergarten sinken lassen, die Augen schließen, die würzigen Nuancen riechen und ein Käfer über die Haut krabbelt – dann weiß ich erst recht nicht, warum der Schwarzwald seinen düsteren Namen hat. Ein Sonnentag im Juli oben auf einer lichterfüllten Wiese vertreibt alle düsteren Stimmungen.

Tief haben sich Wind und Wetter in die Gesichter der erdverbundenen Schwarzwaldbewohner gegraben. In ihren Augen können wir sehen, wie schwer es fällt, dem unnahbaren Wald ein Stückchen Lebensgrundlage abzuringen. Bei der Besiedelung des „Swarzwaldes" – wie ihn eine Urkunde aus Sankt Blasien 868 erstmals nannte – waren die Klöster treibende Kräfte. Rodung versprach Freiheit; so dachten ihre Untertanen und schufen sich mit Axt und Spaten eine neue Welt.
Sie ist geblieben, denn in der Höhenlandwirtschaft gerät Maschinenkraft an ihre Grenzen. An den steilen Hängen sind Handarbeit und Standfestigkeit gefragt.
Riesenfelder, Riesenmaschinen, Riesenernten und Riesensubventionen sind dem Schwarzwald fremd. Vertraut ist seinen Bauern das Holz und das Vieh, das Brennen und das Dengeln.

Einst Bäuerin und Hausfrau, heute Fremdenführerin: Da ihre traditionell eingerichtete Küche mit Rauchfang zur Touristenattraktion wurde, hat diese Schwarzwälderin nahe der Bregquelle eine neue Existenzgrundlage gefunden. Und wenn ihr Gesicht auf den ersten Blick trotzdem ernst wirkt, so deshalb, weil aus dem Tal nicht immer nur Gutes kam. Daran hat sich auch in unserer modernen Freizeitgesellschaft nicht viel geändert.

Hinsetzen, ausruhen, abschalten, entspannen. Weit weg sind die Schlote und Autobahnen, auch die Düsenjets und Terminals. Auf dieser Wiese gilt nur die Gegenwart, der Augenblick. Hinter dem Weiher, dem Auge dieser Oase, und hinter dem Heuschober beginnt der Wald und hört diese Welt auf. Dort, wo das Vieh weidet, und dort, wo gemäht wird, düngen die meisten Schwarzwaldbauern nur wenig oder gar nicht künstlich. Daß weniger mehr ist, wird beim Blick auf solch artenreiche Wiesen erkennbar. Heute genießen die Erholungsuchenden derartige Bilder; im kargen Winter, wenn diese reichhaltige und nahrhafte Ernte erst gemäht, getrocknet und eingebracht ist, genießt das Vieh. Zu ihrem und unserem Glück haben sich nicht viele Schwarzwaldbauern von der ökonomischen Logik leiten lassen, statt der Kühe lieber Touristen zu melken. Auch wenn dies den norddeutschen Agrarfunktionären und den EG-Bürokraten wohl am liebsten wäre, weil sie befürchten, samt ihrer Politik im Milchsee zu ertrinken. Für den Schwarzwald aber taugen wegen der schwierigen Topographie flächendeckende Rezepte nicht, die alles über einen Kamm scheren und die Ebene zum Maßstab nehmen. Heute ist der Schwarzwaldbauer nicht nur Lebensmittelerzeuger, sondern auch Landschaftsschützer geworden. Jedenfalls erhält seine Arbeit und die Lebensweise seines Viehs das Bild des Schwarzwalds, wie es vor unserem Auge steht. So soll es bleiben.

Naturerlebnisse. Sie sind es, nach denen Jahr für Jahr mehr Menschen suchen, je stärker ihre Umwelt und ihre Seele betoniert, normiert, formiert und eingezwängt wird. Kann man Natur in Sicherheitsverwahrung nehmen, um sie vor technischen Ausdünstungen zu schützen? Viele der so zahlreichen „Luftschnapper" in den touristischen Zentren des Schwarzwaldes hätten wohl nichts gegen einen solchen Vorschlag, um den Zustand der Idylle zu erhalten.
Natureindrücke. Im Schwarzwald können wir sie uns erwandern, en gros und en detail. Dies ist allemal besser, als seine Höhen und Tiefen per Auto er-fahren zu wollen und dabei nur zu erkennen, wie vordergründig solche Annäherungsversuche bleiben.
Was ist das Geheimnis dieses Waldes? Worin besteht sein inspirierender Ein-

fluß? Woher kommt es, daß wir beim Gang über federndes Moos und beim Blick hinauf zu den Lichtinseln zwischen den Baumwipfeln frohgestimmter werden? Und wieso glauben wir, uns näher zu kommen, wenn die Langlaufskier in der Loipe gleichmäßig gleiten und kleine Atemwölkchen unseren Rhythmus markieren? Weshalb fühlen wir uns so behaglich in der Gaststube mit den rotweißkarierten Tischdecken und den dunkelgebeizten Balken, den Eisblumen am Fenster und dem warmen Kachelofen, an dem wir uns den Rücken wohlig wärmen können? Und aus welchem Grund wächst unser Glücksgefühl mit jedem Sonnenstrahl, der auf dem Belchen ganz früh am Morgen die erstarrte Haut kitzelt? Inwieweit hängt unser Freiheitsbedürfnis mit der frischen Brise zusammen, die auf dem Schluchsee das Segel bläht und uns über die Wasserbuckel bläst?

Was hinter dem Breisgau und der unteren Markgrafschaft liegt, wird der Schwarzwald genannt. Das kommt von den großen, schwarzen Tannen, die in großer Zahl darin wachsen", klärte ein mittelalterlicher Chronist seine Zeitgenossen über den Charakter des größten deutschen Mittelgebirges auf. Man könnte daraus schließen, daß der Nadelwald schon von je her den Naturzustand des Schwarzwaldes darstellte. Weit gefehlt. Denn bevor die ersten Siedler in ihn eindrangen, wuchsen weit mehr Buchen und Eichen als Tannen, Fichten und Kiefern. Doch mit den ersten Rodungen begann die Waldwirtschaft: Holz wurde zum Rohstoff . Man brauchte es zum Häuserbau und für die Stützkonstruktionen der Bergwerkstollen; die ganze Schwarzwälder Industrie hätte sich ohne Holzkohle gar nicht entwickeln können, die in den Glasbläsereien und Uhrmacherwerkstätten für Energie sorgte. Und schließlich wurden die riesigen Stämme und aus ihnen gewonnene Produkte gar zum Exportschlager. Gewaltige Flächen wurden vor allem im Nordschwarzwald im Laufe von Jahrhunderten

abgeholzt, und da Nadelhölzer schneller wachsen als Eichen, Ahorn und Buchen, kam es schon frühzeitig zu planmäßigen Wiederaufforstungen mit Tannen und Fichten. So wandelte sich Hektar für Hektar das Bild des Waldes, und wenn er heute als hölzerne Monokultur wirkt, so ist dies das Ergebnis menschlichen Handelns. Wie er wäre, wie er war, zeigen die Bannwälder in den seltenen Naturreservaten. Dort haben die Forstverwaltungen jeden menschlichen Eingriff gebannt, und deswegen ziehen diese Ur-wälder viele Betrachter in ihren Bann.

Wald und Vieh gerieten sich in der Anfangsphase menschlicher Besiedelung erheblich in die Wolle. Denn mangels gerodeter Weideflächen wurden die Rinder- und Schweineherden einfach in den Wald geschickt, wo sie sich den Bauch vollschlugen. Es dauerte lange Jahre, ehe – wie hier bei Grafenhausen – freie Weiden geschaffen waren.

Ein Wald voller Lebensbäume, der Wald als Lebensraum. Im Schwarzwald stellen sich solche Gedanken ganz natürlich ein. Er ist seit jeher Realität und Mythos zugleich gewesen und dies bis heute geblieben. Wie der Rhein vor allem in patriotisch und national gestimmten Zeiten als die eigentliche deutsche Lebensader empfunden wurde, so der Schwarzwald als Symbol der deutschen Seele. Dies erkannten über die Jahrhunderte hinweg stets auch prominente Reisende aus dem In- und Ausland, die den „Black Forest", den „Forêt-Noire" als wesentliche und typische deutsche Landschaft beschrieben. Die bekannteste ist er zweifellos auch in der Gegenwart. Dazu tragen nicht nur seine heilklimatischen Kurorte und berühmten Bäder, seine Sommerfrischen und Wintersportorte, seine 23 000 km Wanderwege und seine endlos gespurten Loipen, die Kuckucks-

uhren, Bollenhüte, Glasbläser und Narrenzünfte bei, sondern – kein Wunder in unserem elektronischen Medienzeitalter – die erfolgreichste bundesdeutsche Fernsehserie aller Zeiten. Gegen das anhaltende Waldsterben aber sind aus der Glottertäler Illusions-Klinik keine Patentrezepte zu erwarten. Damit der Wald nicht zum Mythos wird, sondern kräftig wächst,

Elementare Natur regt die Fantasie an. Wie kaum eine andere Region ist der Schwarzwald dazu geeignet, die Ursprünge von Natur und ihre Entwicklungen, auch ihre Deformationen zu begreifen. An diesen Glottertäler Stämmen hätte auch der „Holländer-Michel", jener märchenhafte Prototyp des ehrgeizigen und geizigen Wald-Händlers, seine Freude und seinen Profit gehabt. Und reichen nicht die moosüberwucherten Wurzeln bis in die Höhlen der Waldgeister, Erdmännlein und Schatzkobolde, von denen so viele Sagen und Geschichten zu berichten wissen?

sind größere Anstrengungen auch jenseits der Grenzen und über sie hinaus nötig. Denn sonst könnte es eines Tages so weit kommen, daß wir den Schwarzwald nur noch als sagenhaftes Biotop aus längst vergangenen Zeiten kennen und ihn nur noch aus zweiter Hand erleben können: die Fernseh-Fiktion als wunderschönen Ersatz der verlorenen Realität.

Alles fließt. Die urwüchsigen Triberger Wasserfälle sorgen mit dem Superlativ, die höchsten Deutschlands zu sein, für Besucherströme. Beim Gertelbach im Bühlertal zeigt sich Schwarzwaldromantik im Urzustand.

Wasser ist ein wichtiges Schwarzwald-Element. Es drückt den Jahreszeiten seinen Stempel auf, prägt das so unterschiedliche Klima zwischen Rhein und Baar, läßt die Vegetation lebendig werden, ist Bestandteil kulinarischer Köstlichkeiten oder heilkräftiger Essenzen und füllt Bäche wie Flüsse, Bergseen wie Moore.

Die herausragenden touristischen Anziehungspunkte des Schwarzwaldes sind fast ausnahmslos vom Wasser geprägt: der einst geheimnisumwitterte und heute nur noch sagenhaft überlaufene Mummelsee; die Segel- und Surfreviere Schluchsee und Titisee; die tief eingefressenen Schluchten von Wutach und Gauchach; die Zweribachfälle und vor allem die Triberger Wasserfälle, wo die Gutach 162 m nach unten stürzt. Auch Baden-Baden und Badenweiler, Bad Bellingen und Bad Liebenzell, Bad Dürrheim und Bad Herrenalb,

Karlsbad und Wildbad verdanken ihren Ruf dem heilkräftigen Wasser und thermischer Energie. Von Wässerli ganz anderer Art schwärmen diejenigen, die gerne einen flüssigen Obsttag einlegen, und berühmte Biersorten verdanken ihren Geschmack ebenfalls dem Schwarzwaldwasser. Es ist Leben und wirkt belebend. Und wenn es nach der Schneeschmelze zu Tale strömt, kann man sich gut seine landschaftsprägende Kraft vor Augen führen.

Wie viele Ortsnamen am Westabfall und an der Ostflanke des Schwarzwaldes belegen, wagten sich die alamannischen Stämme im 3. und 4. nachchristlichen Jahrhundert schon relativ weit ans wilde Waldgebirge heran. Orte mit Endungen auf -ingen und später auch -heim sind in der Regel von alamannischen Sippen gegründet worden. Ab 500 drängten die Franken nach Südwestdeutschland, ihre Erfolge lassen sich an Ortsnamenendungen mit -hausen, -hofen und -stetten ablesen. Wieder dreihundert Jahre später begann die eigentliche Geschichte der Schwarzwald-Eroberung; die Siedlungen aus dieser Rodungs-Epoche haben oftmals ein -weiler oder -dorf zur Endsilbe. Die Besiedelungspolitik kirchlicher und weltlicher Landbesitzer erschloß in den folgenden Jahrhunderten den Schwarzwald-Kern bis zu einer Höhe von 1200 m. Dort endeten die Möglichkeiten für Akkerbau und Viehzucht. Große Städtegründungen gab es im Schwarzwald nie.
Doch er ist von bedeutenden Orten mit regionaler und auch überregionaler Ausstrahlung eingerahmt: Karlsruhe, die badische Residenz – und heutige Rechtsstadt; Baden-Baden, das Weltbad der Belle Époque; Offenburg, das industriereiche Herz der Ortenau; Freiburg, die Universitäts- und selbsternannte Schwarzwald-„Hauptstadt“, Lörrach, die Gewer-

bestadt an der Schweizer Grenze; Donaueschingen, die von den Fürstenbergern geprägte Residenzstadt; die badisch-württembergische Doppelstadt Villingen-Schwenningen; Pforzheim schließlich, die Goldstadt.

Weitaus der größte Schwarzwaldteil gehört seit Napoleons Zeiten zum badischen Ländle, dem Handtuch unter den einstigen Feudalstaaten. Nur ein kleiner östlicher Streifen ist 1803 württembergisch geworden. In vielen Nuancen ist der Unterschied zwischen dem badisch-alemannischen und dem schwäbisch-alemannischen Schwarzwald bis heute erhalten geblieben, und unter dem gemeinsamen Dach des Bundeslandes Baden-Württemberg haben sich seine Bewohner einzurichten gewußt.

Doch wer einmal miterlebt hat, wie die Badener über die „Sauschwobe" spotten und die Württemberger über die „Gelbfüßler" herziehen, der ahnt die Wirksamkeit historischer Trennungslinien. Derb geht es an Wäldler-Stammtischen allemal zu, feinsinniger Humor zählt wohl nicht zu den herausragenden Eigenschaften der Schwarzwälder. So kommt es vor, daß Wortkargheit als Verschlossenheit mißdeutet wird und vorsichtiges Herantasten an den Gesprächspartner als Eigenbrötlerei. Derartige Urteile wären aber grundfalsch. Denn – ohne in nivellierende Verallgemeinerungen verfallen zu wollen – hinter der rauhen Schale verbirgt sich auf dem Wald zumeist ein herzlicher Kern; Gastfreundschaft und Hilfsbereitschaft sind keine Fremdworte. Dies zu erkennen, fällt aber besonders denjenigen Erholungssuchenden nicht leicht, denen das Alemannische eher wie das Gekrächze der Raben vorkommt.

Zwischen Schwarzwald und der Baar-Hochebene dominiert Donaueschingen, die Stadt der Fürstenberger. In ihrem Schloßgarten, heute ein öffentlicher Park, zeigen sich Macht und Kunstsinn eines regional bedeutsamen Fürstengeschlechtes in Stein verewigt. Doch auch eine geographische Kuriosität wird sichtbar: denn die Donaueschinger „Donauquelle" ist keine. Wenn überhaupt eindeutig zu lokalisieren, dann entspringt die Donau an der Martinskapelle oberhalb von Furtwangen. Dort heißt der Fluß allerdings Breg, die in Donaueschingen zusammen mit der Brigach die Donau zuwege bringt. Daran, daß der Schwarzwald die Wasserscheide zwischen der Nordsee und dem Schwarzen Meer bildet, ändert diese Feststellung aber nichts.

Wasser ist im Schwarzwald ein besonders stimmungsvolles Lebenselixier. Rein und klar schmecken die quirligen Quellbäche und tosenden Wasserfälle; wie ein trügerischer Teppich locken die Tümpel in den Hochmooren; die grünen Bergseen wirken wie leuchtende Augen – und fast genauso sagenhaft wie der Mummelsee ist in der Hochsaison der Andrang am Titisee und Schluchsee. Abseits der touristischen Brennpunkte aber ist der Schwarzwald ein stilles Revier geblieben.

Es ist Zeit, sich Zeit zu lassen. Sitzenzubleiben am Ufer des Windgfällweihers und nur zu schauen, wie der Himmel zum See wird und die Welle zur Wolke. Und die schwarzen Tannen gewinnen Lebenskraft aus ihrem flüchtigen Spiegelbild.

Feuer und Eis liegen am Oberrhein dicht beisammen. Nur 40 km Luftlinie sind es vom vulkanischen Kaiserstuhl, der wärmsten und sonnigsten Region Deutschlands, mit seinen Rebterrassen, seinem ausgedorrten Trokkenrasen und den Smaragdeidechsen bis zum Feldberg mit seiner alpinen Vegetation.

Der Schwarzwald zählt wie sein elsässischer Zwilling Vogesen zu den ältesten Gebirgen Europas. Als Teil des Variskischen Gebirges wurde er vor etwa 300 Millionen Jahren aufgefaltet und war wohl ebenso hoch wie die heutigen Alpen. Nachdem das Gebirge im Laufe von Jahrmillionen abgetragen und eingeebnet worden war, wurde die ganze Region im Verlauf des Tertiärs, das etwa 60 Millionen Jahre dauerte, erneut emporgehoben. Ebenfalls im Tertiär brach die Scheitelzone im Bereich des heutigen Oberrheingrabens ein, sank Hunderte von Metern ein und füllte sich mit Wasser.

Doch noch immer war die Erde nicht zur Ruhe gekommen: aus dem Erdinnern drang Lava an die Oberfläche und baute die Vulkanhöhen des Kaiserstuhls auf. Mit dem Ende des Tertiärs begann sich das Klima zu verschlechtern, es wurde kalt. Von den Alpen und von Skandinavien her schoben sich riesige Eismassen nach Mitteleuropa vor, und auch auf den Schwarzwaldgipfeln entstanden Gletscher, die ihre Zungen bis 25 km weit in die Täler hinabschoben und der Landschaft im wesentlichen ihre heutige Gestalt gaben. Die höchsten Berge des Schwarzwaldes sind knapp 1500 m hoch.

Wir sind dem Himmel näher, wenn wir vom Belchen ins kleine Wiesental blicken und hinter der dichten Nebelsuppe des Hochrheins den Schweizer Jura und die Alpenkette übersehen. Wir fühlen uns leicht wie die Drachenflieger, wenn wir vom Kandel die optische Reise über die sanft abfallenden Hügelketten der Vorbergzone starten.

Schwarzwälder Spezialitäten. Gaumenfreuden unterm Schindeldach, Wohlbehagen am blankgescheuerten Holztisch. Wir haben Stunde um Stunde auf dem Fernskiwanderweg zwischen Schonach und dem Belchen unsere Spur gezogen, jetzt sind wir erschöpft vom Gleiten und Steigen, zufrieden und froh über die Sinneseindrücke eines ganzen Tages. Wie schön, hinter dichten Türen Schicht für Schicht wieder aufzutauen, denn es war bitter kalt gewesen in der Loipe bei der Martinskapelle. Ein Glühwein wärmt uns auf, ein dicker Erbseneintopf schmeckt und kräftigt. Später, wenn wir aus der warmen Gaststube gesättigt ins dichte Schneetreiben blicken und uns geborgen fühlen, werden wir noch einen Weißherbst trinken und zum Abschluß einen Obstler.

Und morgen, am Ende der nächsten Langlauf-Etappe, am Stübenwasen oder am Notschrei? Vielleicht gibt es wieder Rehrücken badisch. Die Rahmsoße vom letzten Februar schmecke ich immer noch. Und das frische Burebrot zum Schinkenspeck, der feinstgeschnitten sein ganzes Aroma entfaltet. Womöglich haben wir auch Appetit auf eine Regenbogenforelle mit Mandelbutter oder Meerrettich, oder

wir bestellen Mastochsenfleisch, eine Bauernbratwurst, Leberle sauer mit Brägele.
Vielleicht sind wir überhaupt nur deswegen in die Loipe gegangen, weil an deren Ende mit Sicherheit ein gemütlicher Gasthof mit einer reichhaltigen Speisekarte wartet. Wer als Wintergast oder Sommerurlauber aus anderen deutschen Landen oder aus nordwesteuropäischen Ländern in den Schwarzwald kommt, ist immer wieder von der Gastlichkeit und Küche angetan. Sicherlich verdankt die badische Kochkunst ihren Reiz der inspirierenden Nähe Frankreichs und der Schweiz, doch ihr Ruhm als herausragende deutsche Regionalküche gründet auf Bodenständigkeit und der Verwendung frischer Naturprodukte. Der mild und würzig geräucherte Schwarzwälder Schinken zergeht uns auf der Zunge, beim knochentrockenen badischen Riesling denken wir daran, wie mühsam wir noch wenige Stunden vorher den steilen Aufstieg von Hinterzarten auf den Feldberg geschafft hatten. Und oben, auf den blankgefegten Gipfelbuckeln des Höchsten, blies uns ein böiger Westwind fast die Seele aus dem Leib, ehe wir die Loipenmarkierung wiederfanden und ein schützendes, gastliches Dach.

Unter Dach und Fach: die Schwarzwaldwelt wirkt sommers wie winters heil. Wärmendes Licht strahlt in Menzenschwand Ruhe aus; und die verschwenderische Geranienpracht setzt dem Jostäler Schindelhaus Glanzlichter auf.

Blick zurück, Blick nach vorn: nur noch die Pfeife, nicht aber mehr der Meiler dieses einstigen Ibacher Köhlers qualmt. Ob der Enkel mit feinen Pinselstrichen einmal Uhrenschilder bemalen wird, steht in den Sternen. Von den Zeitläuften aber kann er sich im Furtwanger Uhrenmuseum überzeugen.

Mit der Zeit zu gehen, ist der Schwarzwaldbewohner wichtigstes Anliegen nicht. Höchstens im übertragenen Sinne. Denn seit zweihundert Jahren besitzen Schwarzwälder Uhren Weltruf, bis in die Gegenwart hat vor allem die pfiffige Kuckucksuhr den Wandel der Zeit überdauert und schlägt allerorten die richtige Stunde an. Der Schönwälder Tüftler Franz Anton Ketterer gilt als Erfinder der ersten Kukkucksuhr. Warum ausgerechnet dieser scheue Waldvogel zum Stimmgeber wurde, ist nicht eindeutig geklärt. Vermutlich aber deswegen, weil er stets nur zwei Töne pfeift, die große Terz: Kuk-kuck. Still sitzt der Kuckuck in seinem kleinen Uhrengiebel hinter dem verschlossenen Holztürchen, um es in regelmäßigen Intervallen aufzustoßen und seine Stimme erklingen zu lassen. In der ursprünglichen Konstruktion waren zwei Blasebälge vom Uhrwerk jede Viertelstunde angetrieben worden, und diese bliesen zwei offene oder gedeckte Pfeifen an. Später wurden Flügel und Schnabel mit den Blasebälgen verbunden, so daß der Kuckuck zu leben schien, Stunde um Stunde, Tag für Tag.

Dann war – schwuppdiwupp – der Auftritt vorbei, der Kuckuck zog sich in Windeseile wieder in sein Nest zurück. Bronzene Fichtenzapfen, die als Gewichte unten aus der Uhr heraushingen und sie am Laufen hielten, waren ein weiterer Hinweis auf die Wald-Herkunft.

Während die Schauseite der Kuckucksuhren geschnitzt wurde, waren die der traditionellen Bauernuhren fein säuberlich bemalt. Noch im letzten Jahrhundert hatten die berühmtesten der Schwarzwälder Uhrenschildermaler einen guten Ruf und keine Absatzprobleme. Doch die Zeit blieb auch vor Heim- und Handarbeit nicht stehen. Aus den Werkstätten wurden Fabriken, die individuell produzierte und gestaltete Uhr wich der industriellen Massenware. Nur wenige der alten Kunsthandwerker gibt es heute noch, und die voll bepackten Uhrenträger, die diese Schwarzwälder Erfindung mit der „Kräze" auf dem Rücken zu Fuß in alle Länder Europas trugen, sind nur noch in alten Bildern und Erzählungen lebendig geblieben.

Mit der Zeit zu gehen, blieb und bleibt dem Schwarzwald wie vielen anderen Natur- und Kulturräumen ebenfalls nicht erspart.

Der Köhler im Münstertal, der Glasbläser in der Ravennaschlucht, der Holzschnitzer in Elzach, der Uhrenschildermaler aus Linach, die Trachtennäherin aus dem Glottertal, der Schindelmacher aus dem Wehratal – sie sind mehr als Relikte einer zu Ende gehenden Zeit! Natürlich erfreut uns solche Kunstfertigkeit mehr als die Fließbandproduktion der Phono-, Uhren- oder Präzisionsmeßinstrumentenindustrie, die heute für Schwarzwälder Wertarbeit stehen..

Lebensadern des Schwarzwaldes sind seine Täler. Viele von ihnen sind besiedelt, manche – vor allem die engen, dunklen – wirken auch in unserer umtriebigen Gegenwart still und unberührt. Vor allem dann, wenn nur Wanderpfade und keine asphaltierten Straßen zu ihnen und durch sie hindurch führen.
Diese Zustandsbeschreibung trifft natürlich auf das Kinzigtal nicht zu. Mit seinen 95 km Länge, seinem halbkreisförmigen Verlauf von Freudenstadt bis Offenburg markiert es die Grenze zwischen Nord- und Südschwarzwald. Ob man von diesen deutlich unterscheidbaren Landschaftsteilen noch den Mittleren Schwarzwald abgrenzt – der dann das Gebiet zwischen dem Kinzig- und dem Höllental umfassen würde –, ist Ansichtssache. Aussichtspunkte gibt es in Nord, Süd und der Mitte genügend.

Dem Himmel näherkommen. Hinaufsteigen auf die Gipfel und beim Blick rundum nur Wälder sehen, die sich in der Ferne verlieren. Der Schwarzwald, das Schau-ins-Land. Geraffter, gedrängter, imposanter der Blick ins Münstertal; sanfter, gemäßigter, unendlich das Panorama des Nordschwarzwaldes vom Brandenkopf aus.

In der Mikrowelt spiegelt sich der Kosmos. Weich oder hart, sanft oder spitz. Wie sich Weidenkätzchen und Tannennadeln voneinander unterscheiden, so bestehen im Schwarzwald Vegetationswelten neben- und übereinander. Auf einer Wanderung von der Rheinebene bis zu den Gipfeln können wir in nur wenigen Kilometern einen Großteil der Pflanzenwelt Europas kennenlernen, wie sie sich zwischen den Küsten des Mittelmeers und der arktischen Tundra herausgebildet hat. Die Kaiserstuhl-Orchidee und das rotviolette Heidekraut wachsen fast in Reichweite, die Frühkirsche und die Krüppelkiefer, die Stechpalme und der gelbe Enzian. Beim Anblick der baumlosen Feldbergrücken stellt man fest, daß hier die Baumgrenze scheinbar in knapp 1500 m Höhe verläuft. Diese Meinung wäre aber ein Trugschluß. Denn die offenen Flächen sind seit dem Mittelalter entstanden, als die Siedler immer neue Weideflächen rodeten. Und ist in den Wald erst einmal eine Bresche geschlagen, tragen Wind und Wasser die ungeschützte Erde weiter ab und blasen Keimlinge weg oder schwemmen sie fort. Daß der Wald ein Schutzwall bleibt, hängt auch vom Menschen ab.

Pack den Rucksack, schnür die Schuhe und komm mit. Der Schwarzwald ist von Nord nach Süd und von Ost nach West das klassische deutsche Wandergebiet. 23 000 km Wanderwege durchziehen ihn wie ein feingesponnenes, engmaschiges Netz. Kein Fels, keine Quelle, kein Kloster, kein Gasthaus, kein Aussichtspunkt, keine Skihütte, kein Hochmoor, kein See, kein Wasserfall, kein Bauernhof, kein Gipfelkreuz, zu dem nicht ein Wanderweg hinführt. Und wie es sich gehört, sind alle

Fährten akkurat markiert: mit roten Rhomben und blauen Kreuzen, mit gelben Punkten und grünen Strichen. Verirren ist also normalerweise so gut wie ausgeschlossen, und wer sich verlaufen will, muß schon in einen gehörigen Sturm oder dichten Nebel geraten. Besonders im klaren Herbst gehen Schwarzwaldwanderungen zu Herzen. Zwischen Wildbad, Freudenstadt, Simonswald, Bonndorf und Herrischried, zwischen Freiburg und Titisee-Neustadt findet jeder seinen Lieblingsweg.

Verglichen mit den Vorposten Belchen, Blauen oder Kandel, zählt der Feldberg sicherlich nicht zu den markantesten Schwarzwaldgipfeln. Doch eines hat er allen anderen voraus: seine Höhe von exakt 1493 m. Damit ist der Feldberg die höchste deutsche Erhebung außerhalb der Alpen. Auf ihm konzentriert sich nicht nur der Wintersport und der Ausflugsverkehr, auch die Meteorologen, die Post und das Militär nutzen seine Höhe für Sende-, Meß- und Radaranlagen. Und der steinerne Bismarck blickt von seinem Denkmalssockel weit hinunter in den kreisrunden Feldsee, auf die Trampelpfade, die die Berghänge überziehen und die karge Vegetation zerstören, und die Skilifte.

Auf Sand gebaut ist der Schwarzwald nun wirklich nicht. Seine Basis ist das Urgestein: Gneis und Granit. Dieses härteste Gestein auf unserem Globus ist beim Feldbergmassiv an der Oberfläche sichtbar, und auch die herausragenden Hochschwarzwaldgipfel wie Belchen, Blauen, Schauinsland und Kandel bestehen aus „Grundgebirge". Die östliche Abdachung zur Baar und Schwäbischen Alb ist von Buntsandstein überlagert, und dieses Gestein bildet die für den ganzen Nordschwarzwald so typische flächige Struktur.

Auf den nährstoffarmen Buntsandsteinböden des Nordschwarzwaldes wuchsen schon immer nur Nadelwälder. Anders im Südschwarzwald: hier ist die Baumgesellschaft bunter, die Artenvielfalt größer.

Einen Blick ins Erdinnere riskierten schon die Kelten. Denn ihnen war bekannt, daß der Schwarzwald auch ein „Erzgebirge" ist, und sie versuchten sich in die Silberlagerstätten des Münstertales einzugraben. Auch die Römer wurden hier fündig, und im Mittelalter finanzierten die Freiburger durch den Silberabbau am Schauinsland gar den Bau ihres Münsters. Silber und Blei, Zink und Flußspat wurden seit der Jahrtausendwende in den Schwarzwälder Bergwerken ans Tageslicht gefördert; Namen wie Bleibach, Teufelsgrund, Stollen oder Halde erinnern an die kilometerlange Aushöhlung der Berge, aus denen jahrhundertelang die begehrten Minerale gewonnen wurden. Aus wirtschaftlichen Gründen mußte die letzte Grube bei Wolfach 1973 geschlossen werden.

Herbstbunter Mischwald
im Zastlertal an der
Nordflanke des Feldbergs
und gewachsenes
Menzenschwander
Ortsbild, wo höchstens
die Uranvorkommen –
die ergiebigsten auf
deutschem Boden –
gemischte Gefühle
hervorrufen.

Unter ruinösen Kämpfen litten die Bewohner Südwestdeutschlands immer wieder. Von der Völkerwanderungszeit zieht sich ein blutroter Faden zu den Bauernkriegen, dem Dreißigjährigen Krieg, den Habsburger- und französischen Besatzungszeiten, den nationalen und internationalen Schlachten. Trümmerwerk ist die Hochburg über Emmendingen, ehedem Stammsitz der badischen Markgrafen und zweitgrößte Festung im Land. Von der einst mächtigen Abtei Tennenbach im stillen Tal zwischen Freiamt und Sexau ist nur noch die Kapelle erhalten.

Es ist ja nur allzu verständlich, daß sich hoch über den engen und bewegten Städten der Ebene Gedanken einstellen, die viel mit Naturverbundenheit, weiten Horizonten und Unabhängigkeit zu tun haben. Nach den ersten Besiedelungswellen und dem Aussterben der Zähringer geriet der Schwarzwald zu Beginn des 13. Jahrhunderts in das Macht- und Ränkespiel fürstlicher Geschlechter, die sich das Erbe einverleiben wollten. Die Staufer meldeten Ansprüche an, die badischen Markgrafen und die Grafen von Urach-Fürstenberg gewannen an Boden, und natürlich verteidigten auch die Klöster ihre Besitztümer mit Zähnen und Klauen. Ganz Südwestdeutschland war zum politischen Flekkerlteppich geworden, so bunt wie die Sommerwiesen rund um die einsamen Höfe der autarken Schwarzwaldbauern. Diese wollten sich gar nicht gern ans Gän-

gelband fürstlicher Territorialherren nehmen lassen und befürchteten Ende des Mittelalters, den Fronlasten und Steuern nicht mehr gewachsen zu sein. Weil die Fürsten und Äbte oft kein Pardon gezeigt hatten, brach sich die aufgestaute Wut im Bauernkrieg 1525 blutig Bahn. Kein Kloster war vor den Bauernscharen sicher, Burgen gingen in Flammen auf, und Städte kapitulierten. Erst gut ausgerüstete Söldnerheere konnten die Bauern stoppen und vernichtend schlagen. Mit der Freiheit war es erst einmal vorbei, die fürstliche Macht blieb unangefochten.
Nur ganz im Süden, im wilden Hotzenwald, dem Hauensteiner Ländle, beugten die freien Königs- oder Rodungsbauern ihr Haupt nicht vor dem Kloster Sankt Blasien und auch nicht vor den badischen Markgrafen. Da die Äbte die Freiheits- und Besitzgarantien der Habsburger an die Hauensteiner aus dem 14. Jahrhundert nicht mehr anerkennen wollten, kam es immer wieder zu gewaltsamen Auseinandersetzungen. Die „Salpeterer", so der Name dieser Gemeinschaft, können durchaus als erste Verfechter demokratischen Gemeinwesens auf deutschem Boden gelten. Ihre Verfassung wurde in den Stühlinger Artikeln 1525 geschrieben, wo es heißt: „... von recht ein jeder anfenglich frei geborn ..." Diese den Schweizer Eidgenossen vergleichbaren Salpeterer kämpften zweihundert Jahre um dieses Naturrecht, und die kirchliche wie weltliche Obrigkeit ging nicht eben glimpflich mit ihren „Rädelsführern" um.
Ganz verblaßt ist die Erinnerung an diese eigenwilligen Freiheitskämpfer nicht. Denn manche Umweltschützer beriefen sich im Wyhler Rheinauewald ausdrücklich auf die Hotzenwälder Salpeterer, als sie vor zehn Jahren ihren Kampf gegen den Bau eines Atommeilers begannen.
Freiheitliches Gedankengut hat im deutschen Südwesten Tradition. Besonders wegen seiner Nachbarschaft zu Frankreich und der Schweiz galt Baden schon früh als „liberales Musterländle" Deutschlands. 1818 billigte der badische Großherzog als einer der ersten Herrscher seinen Untertanen verfassungsmäßige Rechte zu – ein für deutsche Verhältnisse seinerzeit fast revolutionärer Akt. Und 1848 sollte tatsächlich die Revolution von Baden aus auf die anderen deutschen Staaten übergreifen. „Wir zogen aus mit dem Banner der deutschen Republik; wir wollten vertilgen die despotischen Reste des Mittelalters und gründen den freien Volksstaat", beschrieb Friedrich Hecker in Konstanz seine Ziele. Erst preußische Truppen zerschlugen 1849 die zwischenzeitlich entstandene badische Republik: in Rastatt, auf der anderen Schwarzwaldseite.

Ganz im Kontrast zum herben Charakter des Schwarzwaldes steht sein westlicher Saum: eine freundlichere, harmonischere Garten- und Reblandschaft gibt es auf deutschem Boden wohl kein zweites Mal. Milde Lüfte, die durch die Burgundische Pforte aus dem Mittelmeerraum strömen, wecken früher als anderswo die Natur aus ihrem Winterschlaf. Unvergleichlich, auf der Terrasse von Schloß Bürgeln im Markgräflerland zu stehen und hinunter ins Eggener Tal mit seinen Abermillionen weißer Kirschblüten zu blicken.
Warum Obst und Reben in der Vorbergzone zwischen Badenweiler und Baden-Baden besonders gut gedeihen, ist leicht erklärbar: der Schwarzwaldrücken hält die kalten Ostwinde ab. Die vor Jahrmillionen abgelagerten Muschelkalke bilden wie der Löß das fruchtbare Fundament.
Besonders schmackhaft geht's entlang der Badischen Weinstraße zu. Vorschlag für eine geographisch von Süd nach Nord ausgerichtete Weinprobe: ein trockener Markgräfler Gutedel; ein schwerer Ruländer vom Kaiserstuhl; ein vollmundiger Badisch Rotgold aus dem Breisgau; ein samtiger Spätburgunder Rotwein aus der Ortenau; ein fruchtiger Riesling aus dem Kraichgau.
Viele Besucher geraten in diesem Sonnenscheinlandstrich bei einem Glottertäler „Roten Bur“ oder Durbacher Gewürztraminer ins Schwärmen. Ein ganz herber Faßwein mit Zwiebelkuchen aber läßt den Herbst genauso gut schmecken.

Ökonomisches Wirtschaften ist im Weinbau unserer Tage kein Fremdwort mehr. Die Steillagen machen davon keine Ausnahme, denn durch Rebumlegungen, Terrassierungen und Wegebegradigungen wurden sie entschärft; zum Nutzen ihrer Bewirtschafter, nicht aber zur Freude der Naturfreunde. Trotzdem hängt auch dem Weinbau unserer Tage ein gewisser Mythos an. Ob wie oben bei Durbach oder wie nebenstehend im Renchtal mit Oberkirch im Hintergrund: der Rebensaft gilt als Lebenselixier, gemäß der badischen Devise: Sürpfle muesch, nit suffe.

Der Natur und den Gestirnen nahe zu sein, ist im Schwarzwald leicht. Und ob die Türme von Sankt Peter oder die Tannenwipfel als Scherenschnitt wirken, ist nur eine Frage des Standpunktes und der Zeit.

Du bist morgens am Rohrhardsberg losgewandert, hast an der Martinskapelle vorbei den Brend-Turm erreicht und bist steil abwärts nach Gütenbach – das früher einmal „Wütenbach" hieß – gelangt. Von dort bist du wieder ins dichte Nadeldach eingetaucht, hast auf deiner Karte den Kohlerwald, den Oberfallengrund und das Mörderloch markiert, um dich zurechtzufin-

den. Und plötzlich glaubst du deinen Augen nicht zu trauen: aus einem Buchenstamm wächst ein Antlitz. Das Gesicht ist keine Erscheinung, sondern eine Christusfigur. „Balzer Herrgott" heißt sie. Vor einem knappen Jahrhundert wurde sie an einem eisernen Kreuz hier errichtet, und bis auf das Antlitz und den Oberkörper ist sie ganz von der Buchenrinde überwuchert. Es gibt bekanntere, berühmtere Wallfahrtsorte im Schwarzwald. Überraschendere, eindringlichere Begegnungen als diese Symbiose von volkstümlichem Kunsthandwerk und Natur aber habe ich nirgendwo sonst im Wald erlebt.

Wie ganz anders die großen Klöster des Schwarzwaldes, Sankt Peter, Sankt Blasien, Alpirsbach und selbst Hirsau. Macht und Einfluß ist dort zu spüren, Kunstverständnis und Bildung in großartiger Architektur und gewaltigen Gemälden zu erkennen.

Du hast dich einen Augenblick von der Gruppe in der Barockbibliothek von Sankt Peter gelöst und ganz für dich die Umgebung aufgenommen. Du glaubst die Ledereinbände, das Pergament zu riechen, die Farben und den Leim. Und dann prasseln Jahreszahlen auf dich nieder, und du denkst an das Gesicht mitten im Wald.

Eigentlich sollten wir ihn übersehen und umgehen, den Hotzenwald. Denn seine Naturschutzgebiete zählen zu den großartigsten Wildnissen des Schwarzwaldes, und jeder Wanderer bedroht die Ursprünglichkeit. In und zwischen den bizarren Schluchten von Murg und Alb, Wehra und Schwarza kann sich der Mensch tatsächlich noch als Störenfried, als Eindringling empfinden. So unberührt wirken die Wälder. Und so bildhaft die Namen der Gräser, Blumen und Stauden im Hotzenwald, der südlich der Linie Todtmoos – Sankt Blasien – Höchenschwand zum Hochrhein abfällt: rote Pestwurz und blaue Eisenwurz, Hahnenfuß und Eisenhut, Sumpfheidelbeere, Trollblume, Erikateppiche und Preiselbeeroasen, Lichtungen voller Farne und rotem Fingerhut, Pilzkolonien, Waldhyazinthen und Waldgeißbart, Ginster, Bärwurz und Katzenpfötchen. Hier zu sein ist anschaulicher Botanikunterricht. Und jetzt auf dieser Wiese einfach liegenzubleiben und den zum Bodensee schwebenden Juliwolken nachzuträumen. Weit weg sind die Autoschlangen und die chemischen Markenzeichen am Hochrhein.
Wiesen gibt es im Schwarzwald viele, eine Wiese aber ist unverwechselbar: der Fluß, der am Feldberg entspringt und zwischen Basel und Weil in den Rhein mündet. Vor allem sein Oberlauf berührt eindrucksvolle Orte. Idyllische Natur ist um Todtnau mit seinem Wasserfall, um Schönau, Zell und Schopfheim nicht selten. Kein Wunder, daß sich der Maler Hans Thoma und der Dichter Johann Peter Hebel künstlerisch der Wiese und den steilaufragenden Bergen ringsum, den weiten Matten mit den grandiosen Fernblicken besonders verbunden fühlten.

Erhöhen die menschlichen Lichtsignale nicht sogar den Natureindruck? Vom Holzer Kreuz aus gesehen, windet sich Schönau entlang der Wiese der schwarzweißen Bergkulisse entgegen. Wie aus einem Guß rundet der Belchen, der auffälligste Schwarzwaldberg, das Panorama ab.
Das Kloster St. Lioba im Freiburger Ortsteil Günterstal hat sich in den Schutz des Waldhangs begeben. Oben, auf dem nahen Schauinsland, pfeift der Wind heftiger und wird zum Sturm.

Gleiten, schwingen, stemmen, sausen. Zehntausende von Wintersportlern geraten zur weißen Jahreszeit im Schwarzwald in Schwung. Der Ansturm auf Lifte und Loipen hat in den letzten Jahren gewaltig zugenommen, und wer als Langläufer Natureindrücke liebt, muß an manchen Wochenenden den anstürmenden Massen beispielsweise auf den Notschreispuren besser aus dem Weg gehen. Die Schlangen an den Fahler Liften werden in der Hochsaison nur noch von Blechlawinen übertroffen, die sich am Abend durchs Ebneter Nadelöhr in Richtung Freiburg schieben.

Wer vor hundert Jahren vorhergesagt hätte, daß der Schwarzwald zum deutschen Langlauf-Eldorado und sogar zum Schauplatz alpiner Weltcup-Rennen werden würde, den hätte man ausgelacht. Denn als seinerzeit die ersten „Schneemenschen" mit ihren norwegischen Holzbrettern am Feldberg herumrutschten,

wurden sie von den skeptischen Schwarzwäldern bestaunt wie Wesen aus einer anderen Welt. Ein französischer Beamter namens Pilet soll im Januar 1891 der erste Skifahrer im Schwarzwald gewesen sein, und noch im gleichen Jahr schlossen sich die Vorläufer der heutigen Massenbewegung zum ersten deutschen Skibund zusammen. Gründer des „Skiclubs Todtnau von 1891" war der damalige Wirt des „Feldberger Hofs", Karl Mayer, und der norwegische Polarforscher Fridtjof Nansen war mit von der Partie. Seitdem gelten der Feldberg und das Herzogenhorn als „Mekka des deutschen Skisports". Weitere Pioniertaten sorgten für Aufsehen. Denn da der Schneckenhofbauer in Schollach-Eisenbach (gelegen zwischen Neustadt und Furtwangen) ein typischer Schwarzwaldtüftler war, kam er auf eine grandiose Idee: Er erfand 1908 den ersten Skilift der Welt, der sogar patentiert wurde. Drunten in der Wiese diente sein Mühlrad als treibende Kraft, und die Skiläufer hielten sich in Hockstellung an Tauen fest. So setzte der Schneckenhofbauer den Abfahrtslauf-Boom in Gang.

Der Elan, mit dem der Hinterzartener Georg („Jörgl") Thoma 1960 den Olympiasieg in der Nordischen Kombination errang, brachte den Schwarzwald in die Schlagzeilen und sorgte für einen bis heute anhaltenden Aufschwung.

Konturen im Schnee. Als subalpine Insel übertrifft der Feldberg an Schneereichtum und Winterdauer alle anderen deutschen Mittelgebirge. Wenn die heftigen Winterstürme die drei Feldberggipfel leerfegen, kann einem das Hören und Sehen ganz gewaltig vergehen.

In Elzach, einer der Schwarzwälder Fasnachtshochburgen, wird in einer Werkstatt unermüdlich geschnitzt.
Ist die Geiß gar ein Selbstporträt von Meister Trenkle? Hunderte von Masken, also Hunderte von Charakteren, hat er mit seinen Schnitzmessern schon aus Buchenholz geformt. Und all die Fasnächtler wurden unter der Maske zum Gockel oder zur Geiß, zum Bär oder Butz, zur Hex oder zum Hansele.
Faustdick hinter den Ohren haben es alle Masken, Larven und Schemen der alemannischen Fasnacht. Ob wir über sie lachen oder vor ihnen erschrecken, ist nicht nur eine Frage des Gemüts. Wir erkennen so viele Stimmungen in diesen hölzernen Antlitzen. Mal grinsen sie uns boshaft an, mal fletschen sie drohend die Zähne, mal übergehen sie uns arrogant. Wird der Mensch zum Ebenbild der Maske, die er trägt? Den Maskenschnitzer kümmert dies kaum. Er schnitzt, der Narr schwitzt.

Bis wieder der Weckruf „'s goht dagege!" ertönt, bleiben die aufgereihten Korkenziehernasen in der Elzacher Werkstatt unausgefüllt. Und auch die diabolisch grinsende Schuttig-Fratze am Elzacher Brunnen bleibt bis zum Schmutzige Dunschtig steinern stumm.

Der alljährliche Mummenschanz gehört fest zum Jahreskalender. Ja, eigentlich bestimmt er ihn sogar, denn das Jahr wird nur eingeteilt in die Zeit der Fasnet und die Leerzeiten danach beziehungsweise davor. Mit dem Kölner Karneval oder dem Münchner Fasching haben die Zunftmeister der schwäbisch-alemannischen Fasnacht nichts am Hut. Und so wird die fünfte Jahreszeit zelebriert wie ein Ritual, wobei Ernst, Würde, Stil und Traditionsbewußtsein wichtig sind und nicht spontane Fröhlichkeit oder chaotische Umtriebe. Doch welch Erlebnis, am Fasnetssunndig in Elzach zu sein und sich plötzlich inmitten einer wildgewordenen und doch gelenkten Dämonenwelt zu sehen. Mit gewaltigen Sprüngen toben die Schuttig die dicht umsäumten Straßen herunter, schwenken Fackeln, schlagen „Saublodere" auf die Köpfe der Zuschauer, greifen sich kreischende junge Mädchen, zwicken mit Riesenscheren und übertönen den Tumult mit ihren Rätschen. Sind wir hier im Schwarzwald, im Industrieland Deutschland, oder nicht doch in einem Indianerdorf beim Fruchtbarkeits- oder Frühlingstanz? Jedes Schwarzwalddorf hat seine Fasnachts-Traditionen, seine mal grimmig, mal freundlich blickenden Tiermasken, Hexengestalten oder Barocklarven. Am Schmutzige Dunschdig gehen die Narren los, und am Aschermittwoch ist der Spuk vorbei. Doch, keine Bange: ein Jahr später geht's bei den Oberkircher Schnurri, den Rottweiler Gschellnarren und den Weiler Zinke-Waggis wieder dagegen.

Der Schwarzwald ist voller Narrennester. Die Ausstrahlung und Charakteristik der Fasnacht ist nur unzureichend in Worte zu fassen. Um so ergreifender kann sie – beispielsweise beim Fackelumzug der Elzacher Schuttig – miterlebt werden.

Von Weitblicken kann ich nie genug bekommen. Unten in der Rheinebene hast du das Gefühl, im Nebel zu ersticken. Doch du weißt, daß über den Wolken alles ganz anders ist. Hinein also ins Auto, hinaufgekurvt und hingewandert von Rastatt zum Mahlberg, von Baden-Baden zur Hornisgrinde, von Offenburg zum Brandeck-Kopf, von Freiburg zum Schauinsland, von Staufen zum Belchen, von Müllheim zum Blauen, von Lörrach auf die Hohe Möhr.

Schwarzwald und Vogesen sind erdgeschichtliche Geschwister. Sie haben die Oberrheinische Tiefebene links und rechts im Griff, und ihre höchsten Berge sind fast gleich hoch. Vom Kandel aus wirkt die Vogesen-Kette harmonisch abgerundet. Der Schwarzwaldhof hebt sich am Wiedener Eck deutlich von den fließenden Formen ab.

Ganz oben auf dem Wald gibt es eigentlich nur zwei Jahreszeiten: den Winter und die Vegetationsperiode. Irgendwelche Schneereste lassen sich an schattigen Feldberg-Nordhängen manchmal im Hochsommer noch finden, ergiebige Schneefälle gibt's bei entsprechender Großwetterlage zwischen Oktober und Mai.
Welche eisigen Massen da zusammenkommen, zeigt sich bei der Schneeschmelze. Flüsse, die im November leer vor sich hindümpeln, schwellen plötzlich zu reißenden Strömen an.
Fast alle Schwarzwaldflüsse münden in den Rhein. Die Donau hat im Verlauf geologischer Prozesse ihren Besitzstand nicht halten können und wird nur noch von Brigach und Breg gespeist, während die Wutach nach Süden umschwenkte und dem Rhein den Vorzug gab. Schwarza und Wehra werden ebenfalls vom Hochrhein angezogen, während die Wiese kurz nach dem Basler Knie in den Oberrhein strömt. Dreisam, Elz und Glotter verbinden sich in Riegel am Kaiserstuhl zum Leopoldskanal und bereichern den Rhein im Taubergießengebiet. Schutter, Kinzig, Rench und Acher genießen vor ihrer Mündung in den Rhein Ortenauer Atmosphäre, Murg und Alb Rastatter und Ettlinger Schloßansichten. Der ganze Ostteil des Nord- und Mittelschwarzwaldes schließlich wird vom Neckar aufgesogen, dessen Quelle zwischen Schwenningen und Bad Dürrheim liegt, nur wenige Kilometer von der Brigach entfernt. Und so ist der Schwarzwald durch die Neckar-Zuflüsse Nagold und Enz stets auch in der Landeshauptstadt Stuttgart präsent.

Erstarrt scheint der Schwarzwald im eisigen Wintergriff zu liegen. Still ist es um uns. Der Hexenlochmühle im Tal der Wilden Gutach ist die Kraft eingefroren und der sonst stetige Touristenstrom. Gerade deswegen aber kommt mir der Schwarzwald rosarot vor: der Belchen im besten Licht.

Waldluft läßt uns freier atmen, Stadtluft macht frei. In Freiburg, der „Schwarzwald-Hauptstadt“ mit dem vollkommenen Münsterturm, verbinden sich städtische und ländliche Elemente zu einer harmonischen, im Hochsommer fast schon südländisch anmutenden Atmosphäre. Freiburg ist nicht die größte Stadt rund um das höckerige Waldgebirge; doch keine andere bundesdeutsche Großstadt kann sich eines größeren Höhenunterschiedes rühmen. Denn nur 200 m hoch liegen die Mooswälder in der Rheinebene, der Schauinsland – Freiburgs Hausberg – dagegen ist mit 1284 m einer der höchsten Aussichtsberge des Südschwarzwaldes.

Wie Villingen und Offenburg ist Freiburg eine Gründung der Zähringer-Herzöge. Aus der Vogelperspektive ist ihr Achsenkreuz als Zentrum der Altstadt bis heute unverändert erkennbar. Und sichtbar ist an vielen Ecken und Enden der Charme dieser einstigen vorderösterreichischen Hauptstadt. Auch Frankreich hat bleibende Spuren am Oberrhein hinterlassen, ehe – auf Betreiben Napoléons – 1806 die Geschichte des Großherzogtums Baden begann. Seine Residenzstadt wurde die nordbadische Großstadt Karlsruhe, die von 1918 bis 1952 auch Hauptstadt des Landes Baden war. Und wenn auch die politischen Entscheidungszentren inzwischen anderswo liegen – in Stuttgart und Bonn –, so blieben doch das Bundesverfassungsgericht und der Bundesgerichtshof Karlsruhe erhalten.

Die Klostergründungen der Benediktinermönche und die Städtegründungen der Zähringer waren die eigentlichen Bausteine der Schwarzwald-Erschließung. Sie verlief in Nord und Süd durchaus unterschiedlich: dort ließen sich die Siedler eher in geschlossenen Dörfern auf Rodungsinseln im Wald nieder, hier richteten sie sich in den weit ausschwingenden Talmulden und Hochflächen auf Einzelhöfen oder Weilern ein. Ihr Bestreben aber war das gleiche: eine Lebensbasis zu finden.

Wallfahrtsorte im Schwarzwald. Neben der Klosterbibliothek von Sankt Peter und der Riesenkuppel von Sankt Blasien ist der gotische Münsterturm in Freiburg ein Hauptanziehungspunkt der Kunstfreunde.

Wind und Wetter haben einen Großteil der Schwarzwaldgeschichte geschrieben. Richtige Wanderer aber lassen sich auch von Schneestürmen und Regengüssen nicht unterkriegen. So will's jedenfalls der Schwarzwaldverein: „Wir kennen kein schlechtes Wetter, sondern nur eine schlechte Ausrüstung." Das mag ja sein. Doch warum es verschweigen: an manchen Tagen braust und stürmt es dermaßen ungemütlich in den Hochlagen, es schüttet und tobt, daß man keinen Hund aus der warmen Stube jagen möchte, und zuallerletzt sich selbst. Doch nach diesen Stunden und Tagen der Einkehr dann plötzlich wieder eine weiße Märchenlandschaft unter tiefblauem Mittelmeerhimmel, der Wind hat sich zur Ruhe begeben, und wir brauchen uns nicht länger abzukapseln.

Die Höhen- und damit Klimaunterschiede sind am westlichen Schwarzwaldrand ganz gewaltig. Denn fast 1000 m wachsen die Berge aus dem brettebenen Rheingraben empor. Was dies bedeutet, zeigt ein Blick aufs Thermometer: um durchschnittlich 7,2° Celsius ist es auf dem Feldberg kälter als in Freiburg; und wer von der Kirschenblüte nicht genug bekommen kann, der braucht nur fünf Wochen nach seinem Ausflug an den Kaiserstuhl ins 600 m höher gelegene Hinterzarten zu wandern, um sich noch einmal an weißer Blütenpracht zu erfreuen. Noch einmal 600 m höher aber würde uns auch die längste Geduld nichts nützen. Denn auf dem Feldberg und seinen Nachbarn ist es im Jahresdurchschnitt nur 3,2° C warm, besser: kalt. Beim Anblick tiefverschneiter Nadelwälder aber wurde es noch jedem Betrachter vor Freude warm ums Herz.

Von Westen nichts Neues: stetiger Wind zeigt den Buchen auf dem Schauinsland, wo's langgeht. Und daß sich auf dem leergefegten Hang unterhalb der Kammlinie überhaupt noch ein Baum halten kann, zeigt die Widerstandsfähigkeit der Natur.

Hart und sauer verdient ist das Brot in der Höhenlandwirtschaft. Und nicht alle Erwerbszweige haben goldenen Boden. An langen Wintertagen sind Stein und Bein gefroren, droben auf dem Schauinsland, draußen am Kaltenbrunnen.

Die Luft bleibt dem Besucher oben auf dem Wald nie weg – höchstens in dem Sinne, daß er vor lauter Schauen atemlos wird. Schwarzwaldluft kann immer noch fast süchtig machen, und das Reizklima in Höhenlagen ab 500 m belebt die Sinne. Für die sommerliche Schwüle aber werden die Bewohner der Rheinebene durch weniger Regen als im Gebirge entschädigt. Nur

600 mm Regen werden im langjährigen Durchschnitt pro Jahr im Kaiserstuhlgebiet, der Trocken- und Wärmeinsel, gemessen. Drei- bis viermal soviel sind es an der Luvseite des Schwarzwaldes zwischen Notschrei, Stübenwasen und Belchen. In manchen Jahren nämlich erreicht dort die Gesamtniederschlagsmenge eine Höhe, die nur die besten Hochspringer meistern: weit über zwei Meter nämlich.

Mit entsprechenden Schneehöhen kann in den Gipfellagen gerechnet werden. Von Dezember bis März liegt oberhalb von 800 m fast sicher Schnee, und manchmal wirkt die weiße Pracht einfach überwältigend. Doch dann wird es Zeit, daß der Frühling kommt. Und wenn die allmählich wärmende Aprilsonne die Schneedecke zerfließen läßt, freuen wir uns und atmen auf.

Höhenflüge im Schwarzwald, ein Hochgenuß. Auch wenn es den Drachenfliegern am Belchen zunehmend schwergemacht wird, ihr luftiges Hobby auszuüben. Denn die leisen Gleiter gerieten mit Naturschützern auf Kollisionskurs, die einzelne Nistplätze gefährdet sahen. An den Kragen ging es aber auch den Lenkern lauter Untersätze: das Schauinslandrennen auf der – so Werbesprüche – „schönsten Bergstrecke Europas" macht erst einmal Pause. Der Naturschutzgedanke erobert sich also Gefilde, an die wir vor wenigen Jahren noch nicht einmal im Traume zu denken wagten. Doch reichen derartige Schritte aus, mehr als nur Symbolcharakter zu haben? Was nützen gestoppte Rennautos, wenn um so mehr motorisierte Ausflügler den Aussichtsbergen zustreben? Und durch einen Drachen mehr, der von Amts wegen am Boden bleiben muß, kann kein einziger kranker Schwarzwaldbaum Hilfe erwarten.
Sind also die Aussichten trübe für die Zukunft dieses größten und schönsten aller deutschen Mittelgebirge? Hoffentlich nicht. Denn was uns durch eine zerstörte Umwelt entgehen würde, wie verarmt unsere Zukunft wäre, ist kaum auszumalen, bleibt unvorstellbar.
Schwarzwälder Höhenflüge. Vom Belchen aus schwingen wir uns in die Luft, breiten über dem kleinen Wiesental die Arme aus, tauchen in die Nebelbänke des Hochrheintales ein, grüßen kurz den Schweizer Zöllner und schweben über die Juraberge, ehe wir uns an den Alpenzakken emporwinden und uns auf dem Eiger ausruhen. Und wenn wir unseren Flugkünsten nicht trauen und lieber auf dem Belchengipfel stehenbleiben wollen, so machen wir wenigstens eine optische Luftreise. Über 200 km sind Zugspitze und Montblanc von unserem Standort entfernt, und beide können wir an besonders klaren Tagen mit „Inversionslage" gut ausmachen.
In Augenblicken mit solch überwältigender Fernsicht kenne ich nur ein naheliegendes Ziel, immer wieder: den Schwarzwald.

Der Schwarzwald

Alpirsbach: Hauptanziehungspunkt des an der Schwarzwälder Tälerstraße gelegenen Luftkurorts ist die dreischiffige romanische Basilika St. Benedikt aus der ersten Hälfte des 12. Jahrhunderts. Musikfreunde wissen die sommerlichen Kreuzgangkonzerte zu schätzen, Bierfreunde den dort gebrauten Hopfensaft.

Baden-Baden: Den Ruhm dieses weltbekannten Bades begründeten die Römer, die sich durch ausgefeilte Anlagen die bis zu 69° C heißen Thermalquellen von „Aquae Aureliae" zunutze machten. Im 19. Jahrhundert war das Modebad an der Oos Treffpunkt des europäischen Adels. Die Burgruine Hohenbaden erinnert daran, daß Baden-Baden bis 1689 Residenz der badischen Markgrafen war. Sehenswert die Lichtentaler Allee im klassizistischen Weinbrenner-Kurviertel mit Spielbank und Trinkhalle, der Renaissance-Palast des Neuen Schlosses und die jüngst eröffneten Caracalla-Thermen. Die Iffezheimer Rennwoche ist den Turffreunden ein Begriff, der Aussichtsberg Badener Höhe ist der nördlichste Schwarzwald-Eintausender. Die bis zu 70 m senkrecht aufragenden Urgesteinswände am Battert haben bei Bergsteigern einen guten Ruf, die in diesem Klettergarten zwischen fast 400 Routen wählen können.

Badenweiler: Der römische Kaiser Vespasian ließ 75 n. Chr. am Fuß des Blauen große Thermen anlegen, deren Reste noch zu sehen sind. Unterhalb der Badenweiler Burg aus dem 12. Jahrhundert liegen in einer anmutigen Parklandschaft die Kuranlagen, deren architektonisch auffälligstes Gebäude das neue, verglaste Markgrafenbad ist.

Bad Säckingen: Weithin bekannt wurde die Hochrheinstadt durch den „Trompeter von Säckingen" von Viktor von Scheffel. Eine auffällige Sehenswürdigkeit ist die längste deutsche gedeckte Holzbrücke: 220 m ist sie lang und verbindet das badische mit dem Schweizer Hochrheinufer. Als größter Schatz gelten nicht die Thermalquellen, sondern der kostbare Reliquienschrein im Fridolin-Münster.

Bernau: Der weitauseinandergezogene Luftkurort war schon immer ein Zentrum der Dreher und Schnitzer. Verewigt wurde der in besonders reizvoller Landschaft gelegene Ort durch den hier geborenen Maler Hans Thoma, sicherlich der bekannteste Schwarzwaldmaler. Ein kleines Museum im Ortsteil Innerlehen erinnert an sein Werk.

Calw: Viele Fachwerkhäuser aus dem 17. und 18. Jahrhundert prägen den Ortskern der

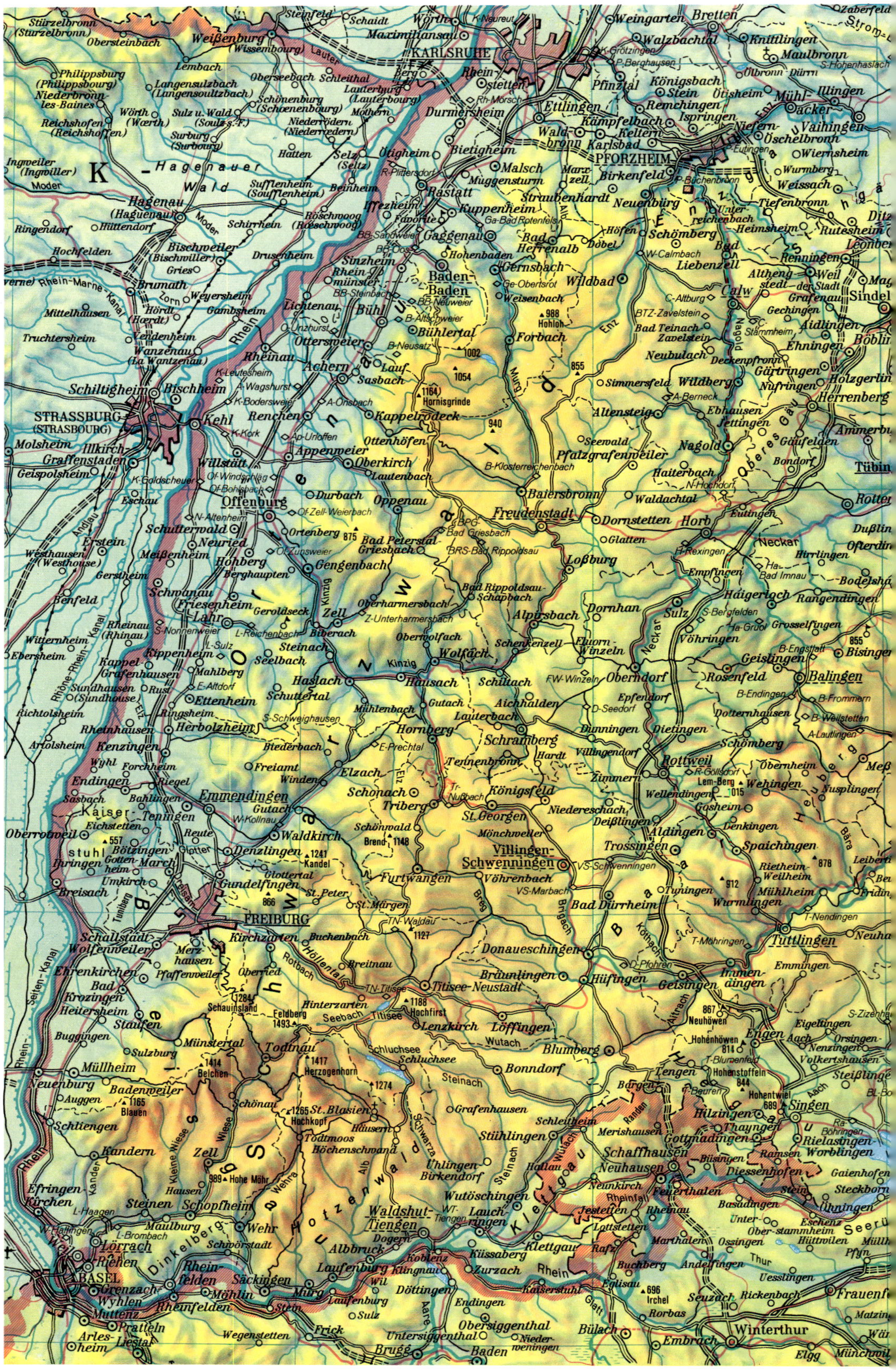

Maßstab 1 : 650 000

10 0 10 20 30 40 km

Kreisstadt im Nagoldtal. Calw, das wie „Kalb" ausgesprochen wird, entwickelte sich durch das ansässige schwäbische Grafengeschlecht zur wichtigsten Gerber- und Textilstadt im Schwarzwald. 1877 wurde hier Hermann Hesse geboren, und an den Dichter erinnert im Heimatmuseum (dem ehemaligen Sitz der Floßhandels-Compagnie) eine Gedenkstube. Besonders anheimelnd wirkt Calw von der alten Nagoldbrücke aus. – Eingemeindet ist Hirsau, dessen Kloster im 11. Jahrhundert ein Zentrum der cluniazensischen Reformbewegung war. Seine einstige Bedeutung lassen nur noch Ruinen ahnen, die zur Sommerszeit die stimmungsvolle Kulisse für Freilichtaufführungen abgeben.

Donaueschingen: Die „Donauquelle" im Schloßpark trägt ihren Namen zu Unrecht, denn sie speist nur einen unbedeutenden Zufluß der Brigach. 1488 gelangte die an den östlichen Schwarzwaldausläufern gelegene Stadt von den Habsburgern an die Fürstenberger, die seitdem prägende Kraft sind, wie der Blick aufs Schloß beweist. Besonders sehenswert ist die Fürstlich Fürstenbergische Hofbibliothek mit alten Handschriften und wertvollen Inkunabeln. Die „Donaueschinger Musiktage" sind Treffpunkt für Anhänger experimenteller Musik, während die Pferdefreunde von den Donaueschinger Reitturnieren angezogen werden.

Eisenbahnen: Im Schwarzwald wurde Eisenbahngeschichte geschrieben. Die Schwarzwaldbahn wurde 1873 fertiggestellt und führt in kühnen Windungen, Viadukten, Tunnels und Kehrschleifen von Offenburg über Hornberg, Triberg, Sankt Georgen nach Villingen und Donaueschingen. Eine ebensogroße technische Pionierleistung war die im gleichen Jahr eröffnete Höllentalbahn zwischen Freiburg und Neustadt. Zur Jahrhundertwende hatte sie Donaueschingen erreicht. Mit der Dreiseenbahn kann vom Titisee aus Feldberg-Bärental angefahren werden, mit 937 m der höchstgelegene Bundesbahnhof Deutschlands. Auch für Eisenbahnromantiker hat der Schwarzwald Besonderes zu bieten: eine Fahrt mit der Wutachtalbahn (im Volksmund bezeichnenderweise „Sauschwänzlebahn" genannt) zwischen Weizen und dem Bahnhof Zollhaus bei Blumberg macht nicht nur den Kindern Riesenspaß; im Nordschwarzwald kann die Strecke Ettlingen – Bad Herrenalb mit der Albtalbahn erkundet werden.

Ettlingen: Zwar kann die Stadt keinen so prächtigen Park wie das Karlsruher Schloß präsentieren, einen Besuch aber lohnt die renovierte barocke Schloßanlage, die jetzt als Kultur- und Kunstzentrum fungiert, allemal. Besonders sehenswert sind die Decken- und Wandfresken von Cosmas Damian Asam. Sie sind die einzigen Werke dieses Künstlers am Oberrhein, und bei den Schloßkonzerten können sich die Besucher im Asam-Saal beim Blick zur Decke kaum satt sehen.

Freiburg im Breisgau: Der „schönste Turm der Christenheit" ist Freiburgs Wahrzeichen. Denn die durchbrochene Helmpyramide des Münsterturms ist ein einzigartiges Meisterwerk gotischer Steinmetzkunst. Von der obersten Besucherplattform ist ein beeindruckender Rundblick über die Altstadt hinüber zum nahen Schloßberg und (bei klarer Sicht) weit nach Westen zum Kaiserstuhl und zu den Vogesen möglich. Das Münster selbst ist reich an Kunstschätzen: herausragend Hans Baldung Griens Altarbild, der Figurenzyklus am Hauptportal und farbenprächtige Glasmalereien. Die ganze Bandbreite der Kunst am Oberrhein erschließt sich im Augustinermuseum. Besonders typisch für Freiburgs Charakter sind seine „Bächle", in die einem Gerücht zufolge die einheimischen „Bobbele" nie hineinstolpern. Der fast südländische Charakter der 1120 von den Zähringer-Herzögen gegründeten Universitätsstadt wird beim täglichen Markt auf dem Münsterplatz besonders sichtbar. Mit seinen fast 180 000 Einwohnern ist Freiburg, einst Hauptstadt Vorderösterreichs, nach Karlsruhe zweitgrößte Stadt rund um den Schwarzwald. Vom Ortsteil Günterstal führt eine Seilschwebebahn hinauf zum Schauinsland. Doch Freiburg hat nicht nur Wald und Gotik, sondern auch Wein zu bieten. Durch die eingemeindeten Tuniberg-Orte ist Freiburg eine der größten bundesdeutschen Weinbaugemeinden.

Freudenstadt: Mit seinen 4,5 Hektar hat der arkadenumgebene Marktplatz des Nordschwarzwälder Touristenzentrums großstädtische Dimensionen, aber harmonischen Charakter. Freudenstadt wurde 1599 als Bergmannssiedlung (Silberfunde) vom württembergischen Herzog Friedrich I. gegründet. Die waldreiche Umgebung mit vielen Wanderwegen und Loipen hat Freudenstadt zu einem sommers wie winters vielbesuchten Ort werden lassen. Auf einem Plateau zwischen Murg und Kinzig errichtet, ist Freudenstadt die höchstgelegene Stadt Württembergs.

Furtwangen: Im oberen Bregtal gelegen, ist Furtwangen die höchstgelegene Stadt des mittleren und südlichen Schwarzwaldes. Wer wissen will, was die Stunde geschlagen hat, ist hier richtig. Denn im sehenswerten Deutschen Uhrenmuseum sind über tausend Exponate aus vielen Jahrhunderten zu betrachten. Nordwestlich entspringt in 1078 m Höhe bei der Martinskapelle (dort auch ein Langlaufzentrum) die Breg, ein Quellfluß der Donau. Hundert Meter von der Quelle befindet sich die Wasserscheide zwischen Rhein und Donau, also zwischen der Nordsee und dem Schwarzen Meer.

Gengenbach: Sicherlich einen der ansehnlichsten Stadtkerne hat die einstige Reichsstadt Gengenbach im Kinzigtal aufzuweisen. Die Altstadt mit Fachwerkhäusern, Toren und Wällen steht unter Denkmalschutz. Den schönsten Blick auf Stadt und Kloster hat man von der Wallfahrtskapelle St. Jakob auf dem „Bergle". Das nahe Harmersbachtal ist nicht nur wegen der alten Schwarzwaldhöfe ein lohnendes Ausflugsziel.

Glottertal: Mit einem Superlativ kann der langgestreckte Ort an der windgeschützten Südflanke des Kandels aufwarten: seine Weinberge – in denen der samtige „Rote Bur" gedeiht – sind die höchstgelegenen Deutschlands.

Gutach: Markenzeichen für den ganzen Schwarzwald ist der Bollenhut. Doch eigentlich dürften ihn nur – von Kirnbach abgesehen – die Gutacher Mädchen und Frauen tragen, denn dort stammt dieser auffällige Kopfschmuck mit seinen roten (= unverheiratet) oder schwarzen (= verheiratet) „Bollen" her. Das Gutachtal ist bekannt für seine besonders schönen Bauernhöfe, und das Freilichtmuseum „Vogtsbauernhöfe" hat deswegen richtigerweise bei Gutach seinen Platz. Von April bis Oktober können sich die Besucher anhand hier originalgetreu wieder aufgerichteter Schwarzwälder Bauernhäuser vom einstigen Leben im Schwarzwald ein lebensnahes Bild machen.

Hinterzarten: Dieser international bekannte Luftkurort und Wintersportplatz liegt oberhalb der wilden Höllental-Felsenschlucht auf einem weiten Hochplateau. Hinterzarten ist ein idealer Ausgangspunkt für Wanderungen und Skitouren. Ein Gang über den Heimatlehrpfad des Hinterzartener Hochmoores vermittelt beste Einblicke in die typische Pflanzenwelt des Hochschwarzwaldes. Eine Stunde muß der Wanderer nach Westen gehen, um mit der romanischen Sakristei der St.-Oswald-Kapelle das älteste Bauwerk des Südschwarzwaldes zu erreichen.

Hornberg: Zum geflügelten Wort ist das „Hornberger Schießen" geworden, das 1564 auf der hoch über dem Gutachtal gelegenen Burg Hornberg stattfand und mit dem bekannten Ergebnis endete. Im Juli und August finden zur Erinnerung an dieses historische Ereignis Wald-Freilichtspiele statt. Neben dem schönen Ausblick von der Burgruine sind auch die gotischen Chorfenster in der evangelischen Stadtkirche erwähnenswert.

Hotzenwald: Der am wenigsten überlaufene Teil des Schwarzwaldes ist sicherlich sein südlichster Teil, der Hotzenwald. Der Name kommt von „Hotz“, wie die Bauern früher genannt wurden. Dieses wald- und felsreiche Gebiet, auch Hauensteiner Land genannt, war bis 1805 ein freier Waldbauernstaat. Seine Bewohner verstanden sich nicht nur gut aufs Salpetersieden, sondern auch auf den Kampf um ihre Freiheits- und Menschenrechte. Die „Salpeteraufstände“ machten vor allem den Klosterherren von Sankt Blasien, aber später auch den badischen Großherzögen zu schaffen. Begrenzt wird der Hotzenwald vom Hochrhein, vom Wehra- und Albtal. Touristisches Zentrum ist Herrischried, wo der Klausenhof – ein altes Hotzenwaldhaus – als Museum besichtigt werden kann.

Karlsruhe: Die ehemalige großherzoglich-badische Residenz Karlsruhe ist mit 250000 Einwohnern die größte Stadt rund um den Schwarzwald. Zwar liegt die „Fächerstadt“ – so nach dem strahlenförmigen Grundriß des klassizistischen Architekten Weinbrenner benannt – in der flachen Rheinebene, doch ist der Schwarzwald zum Greifen nahe. Die Karlsruher Innenstadt wurde im Zweiten Weltkrieg stark zerstört. Dennoch aber entstand aus den Trümmerbergen der alte Stadtplan wieder, dessen Zentren das beeindruckende Schloß und der Marktplatz mit der Pyramide bilden. Im Schloß ist jetzt das Badische Landesmuseum mit bedeutenden Sammlungen untergebracht. Dabei fällt die Kriegsbeute des „Türkenlouis“, wie der Markgraf Ludwig Wilhelm im Volksmund hieß, besonders auf.

Mittlerer Schwarzwald: Das Kinzigtal im Norden und das Höllental im Süden begrenzen den Mittleren Schwarzwald. Sein höchster Berg ist der Kandel mit 1242 m Höhe, gefolgt vom 1159 m hohen Rohrhardsberg und dem Brend (1148 m) mit seinem Aussichtsturm. Sein bekanntestes Tal ist das Gutachtal mit den Vogtsbauernhöfen.

Mundart: Der Schwarzwald hat Anteil an vier Mundartlandschaften. Drei davon sind alamannischer Natur: der oberrheinische, der südalamannische und der schwäbische Dialekt. Nördlich der Linie Rastatt – Calw wird in einem kleinen Zipfel fränkisch gesprochen. Die Trennungslinie zwischen dem oberrheinischen und südalamannischen Sprachraum verläuft südlich von Freiburg über den Feldberg bis zum Bodensee. Zum schwäbischen Sprachraum zählt der Schwarzwald östlich der Kammlinie, vor allem im Neckarraum. Die Unterschiede hat ein Sprachforscher auf einen verständlichen Nenner gebracht.
Oberrheinisch: „Bi uns kaasch schwätze, wie der dr Schnabl gwachse isch“.
Südalamannisch: „Bi üüs chaasch schwätze, wie der dr Schnabl gwachse isch“.
Schwäbisch: Bei eis kaascht schwätze, wie der dr Schnaabl gwaasen ischt“.
Fränkisch: „Bei ons konnsch schwätze, wii dir de Schnawl gwachse isch“.
Oder anders: „Nichts“ heißt in Wildbad „nex“, in Baiersbronn „nents“, am Mummelsee „nix“, in Triberg „nint“, am Titisee „niit“ und im Hotzenwald „nüt“.
Doch keine Bange: Hochdeutsch verstehen alle Schwarzwälder, und in den bekannten Orten kann man ihnen auch ausländisch kommen.

Münstertal: Dieser Ort ist ein altes Siedlungsgebiet und liegt zwischen der historisch gewachsenen, reizvollen „Fauststadt“ Staufen und dem Belchen. Verschiedene Museen geben Einblick in früher bedeutende Wirtschaftszweige: das Besuchsbergwerk „Teufelsgrund“ vermittelt Einblicke in die harten Bedingungen beim einstigen Silber- und Bleiabbau (in einem staubfreien Nebenstollen suchen heute Asthmakranke Linderung). Im Imkermuseum geht's emsig zu, im Waldmuseum hölzern, und einer der letzten Köhler des Schwarzwaldes baut, sehr zur Freude der Touristen, auf einem Platz in Richtung Kälbelescheuer noch ab und zu einen Kohlenmeiler auf. Kultureller Mittelpunkt des reizvollen Münstertales ist die beeindruckende, barock umgebaute Anlage des Benediktinerklosters St. Trudpert. Es ist nach dem irischen Mönch Trudpert benannt, der dieses Gebiet schon im 7. Jahrhundert zu christianisieren versuchte.

Nordschwarzwald: Dieser waldreichste Teil des Schwarzwaldes geht im Norden in den Kraichgau über und wird im Westen von der Rheinebene, im Osten von der Nagold begrenzt. Etwa auf der Linie Offenburg – Freudenstadt ist er durchs Kinzigtal vom Mittleren Schwarzwald abgesetzt. Der höchste Nordschwarzwaldberg ist die Hornisgrinde mit 1164 m Höhe, direkt südlich davon liegt an der berühmten Schwarzwaldhochstraße (die B 500 zwischen Baden-Baden und Freudenstadt) der Mummelsee. Der Nordschwarzwald ist reich an bekannten Erholungsorten.

Offenburg: Die von den Zähringern gegründete Stadt ist wirtschaftliches Zentrum der Ortenau. Am Austritt der Kinzig in die Rheinebene gelegen, ist die einstige Reichsstadt und heutige Kreisstadt seit alters her Verkehrsknotenpunkt. Auch als Zentrum des Weinbaubezirks Ortenau hat sich Offenburg einen guten Namen gemacht. Alljährlich findet dort der größte badische Weinmarkt statt.

Pforzheim: Die Großstadt Pforzheim liegt am Zusammenfluß von Nagold und Enz und galt schon den Römern als „Pforte“ in den Nordschwarzwald. 1219 kam die Tuchmacher- und Flößerstadt an die Markgrafen von Baden, deren Residenz sie bis 1565 war. Traditionsreich ist auch die ansässige Schmuckwarenindustrie, die den Ruf der Goldstadt Pforzheim begründet hat. Wegen starker Zerstörungen im Zweiten Weltkrieg hat das Ortsbild modernen Charakter.

Rastatt: Ein innenarchitektonisches Kleinod ist das Lustschloß „Favorite“, das nahe Kuppenheim zu entdecken ist. Es wurde Anfang des 18. Jahrhunderts als eines der reizendsten höfischen Landhäuser Badens für die Markgräfin Sibylla Augusta gebaut. Mit seiner Fülle an Details, seinen Dekorationsstoffen aus aller Welt bietet „Favorite“ dem Besucher einen besonders aufschlußreichen Anschauungsunterricht über feudale Lebensweise und markgräflichen Lebensstil. Rastatt selbst, an der Murgmündung in den Rhein gelegen, hat auch ein Schloß. 1705 als zweitgrößte Schloßanlage (nach Mannheim) Südwestdeutschlands fertiggestellt, war es 1705–1771 Residenz der Markgrafen von Baden-Baden und liegt im Schnittpunkt eines Straßen-Dreistrahls. Besuchenswert für historisch Interessierte ist das dort untergebrachte Wehrgeschichtliche Museum, das Aufschlüsse über die Rastatter Festungszeit gibt; die „Erinnerungsstätte an die Freiheitsbewegungen der deutschen Geschichte“ bietet Einblicke in die badische Revolution, die 1849 in Rastatt blutig endete.

Schwarzwald in der Dichtung: Von Hans Jakob Christoffel von Grimmelshausen (1621–1676) bis Jürgen Lodemann reicht die Palette der Dichter und Schriftsteller, die vom Schwarzwald zu literarischen Betrachtungen angeregt wurden. Bekanntester Schwarzwald-Dichter ist zweifellos der Wiesentäler Johann Peter Hebel (1760–1826) mit seinen „Alemannischen Gedichten“, doch steht ihm Heinrich Hansjakob (1837–1916) mit seinen volkstümlichen Erzählungen aus dem Kinzigtal an Beliebtheit nicht nach. Zum (heute schon kitschig klingenden) Inbegriff gereimter Schwarzwaldromantik aber wurden die Zeilen des Pforzheimer Schmuckwarenfabrikanten Ludwig Auerbach (1840–1882):
„O Schwarzwald, o Heimat,
wie bist du so schön!
Wie locken die Herzen
die schwarzdunkeln Höh'n
zum fröhlichen Wandern
in Hochsommerszeit,
zum Rasten in heimlicher Einsamkeit,
im traulichen Mühlgrund
bei Quellengetön:
O Schwarzwald, o Heimat,
wie bist du so schön!“
So seine Hymne an den Wald.

Auch Mark Twain hat (1878) auf seiner Deutschlandreise einen Schwarzwaldroman voll Kabale, Liebe und Misthaufen geschrieben, und der 1877 in Calw geborene Hermann Hesse war seiner Heimatstadt zeitlebens eng verbunden. Aus der Neuzeit herausragend: die feinfühlige und genau beobachtende Schilderung der lange in Bollschweil im Hexental lebenden Marie-Luise Kaschnitz aus dem Jahr 1965 mit dem Titel „Beschreibung eines Dorfes".

Sankt Blasien: 33,5 m Spannweite hat die Kuppel des klassizistischen Doms von Sankt Blasien. Damit ist die dem römischen Pantheon nachempfundene Klosterkirche eine der größten ihrer Art in Europa. Die ursprünglich barocke Kirche der Benediktinerabtei wurde durch Großbrände und in der Säkularisation zerstört. Heute ist Sankt Blasien heilklimatischer Kneippkurort und Ausgangspunkt lohnender Wanderungen zwischen Feldberg, Schluchsee und Höchenschwand.

Sankt Märgen: 1118 wurde das Augustinerkloster St. Marien auf einer gerodeten Hochfläche zwischen Simonswäldertal und Höllental gegründet, das die Urzelle des heutigen Kurorts und Wintersportplatzes bildete. Erhalten von der Barockanlage aus dem 18. Jahrhundert sind nach einem Großbrand nur die beiden markanten Türme. Ein schöner Wanderweg führt an der einstigen „Rankmühle" vorbei zu den wildromantischen Zweribachwasserfällen. Und wer den an der Panoramastraße gelegenen Ort im September besucht, kann den „Sankt Märgener Roßtag" mitfeiern.

Sankt Peter: Die herrliche Barockkirche von Peter Thumb hat das einstige Benediktinerkloster zu einem lohnenden Ausflugsziel für Kunstfreunde werden lassen. Zwischen Bodensee, Rhein und Neckar gibt es keine größere und künstlerisch besser ausgestattete Barockanlage, die im „Vorarlberger Münsterschema" als einschiffige Wandpfeilerkirche 1727 fertiggestellt war. Herausragend sind nicht nur Wenzingers Rokokofiguren und Feuchtmayrs Hochaltar, sondern vor allem die berühmte Klosterbibliothek mit wertvollen Handschriften. Die Tradition der 350 Jahre alten Tracht von Sankt Peter wird alljährlich beim Patroziniumsfest am Sonntag vor Peter und Paul lebendig: Besonders im Blickpunkt stehen dabei die mit ihrer glitzernden „Schäppelkrone" geschmückten jungen Mädchen.

Südschwarzwald: Der Südschwarzwald ist der eigentliche Hochschwarzwald. Er wird im Norden vom Höllental begrenzt, das sich – am Hirschsprung besonders markant – wie ein Messerschnitt in die Berge hineinfräst. Die flachen Buckel des Feldbergs überragen mit 1493 m die ganze Nachbarschaft und auch die höchsten Vogesengipfel, wenn auch nur knapp. Nicht der höchste, wohl aber der wohlproportionierteste Berg ist der Belchen (1414 m), dem nicht nur die Sonnenanbeter zu Füßen liegen. Einen Meter höher ist das Herzogenhorn, der Freiburger Hausberg Schauinsland ist 1284 m hoch, der Bildstein über dem Schluchsee 1142 m, der Blößling nordwestlich von Bernau 1309 m, der Köhlgarten oberhalb von Neuenweg 1224 m, der Blauen bei Badenweiler 1165 m und der Zeller Blauen über dem Wiesental 1077 m. Doch auf Höhenrekorde kommt es hier nicht an, sondern auf den Gesamteindruck. Und wer sich über die heimische Tierwelt informieren will, der hat – abgesehen von Begegnungen in freier Wildbahn – beim Besuch des Wildparks Steinwasen, der Gehege in Waldkirch und Löffingen sowie im Vogelpark bei Steinen (Kleines Wiesental) besten Anschauungsunterricht.

Titisee-Neustadt: Der in der Eiszeit geformte und durch Aufstauung vergrößerte Titisee ist eine der touristischen Hauptattraktionen des Schwarzwaldes und – nach dem nahen Schluchsee – zweitgrößte Wasserfläche dieses Mittelgebirges. Vom Aussichtsturm auf dem Neustädter Hausberg, dem 1190 m hohen Hochfirst, wird die abwechslungsreiche Landschaft deutlich. Gegründet wurde Neustadt im 13. Jahrhundert von den Fürstenbergern, die damit ihre neuen Siedlungsgebiete in den „Viertälern" sichern wollten. Heute ist die Doppelgemeinde als Kneippkurort und Wintersportplatz bei Urlaubern und Naherholungssuchenden beliebt. Dort steht auch die größte Naturschanze Deutschlands, und die 617 m lange Gutachtalbrücke hat die größten Dimensionen im Schwarzwald. Lohnende Ziele: die einzigartige Wutachschlucht im Südosten und das wegen seiner einstigen Uhrmacherwerkstätten berühmte Dorf Waldau im Langenordnachtal.

Triberg: 163 m tief stürzt die Gutach über sieben Felsstufen in die Tiefe. Damit sind die Triberger Kaskaden die höchsten Wasserfälle Deutschlands und ein oftmals überfluteter touristischer Anziehungspunkt. Neben der ältesten Schwarzwalduhr aus dem Jahr 1640 hat das sehenswerte Triberger Heimatmuseum weitere historisch bedeutsame Exponate vorzuzeigen. Sie reichen von alten Musikautomaten über traditionelle Handwerksstätten bis zur Tracht und zu Schwarzwälder Mineralien.

Villingen-Schwenningen: 1972 wurde aus dem badischen Villingen und dem württembergischen Schwenningen unter einigen Geburtswehen eine Doppelstadt. Während Schwenningen als Industriestadt und Eishockey-Zentrum einen guten Namen hat, ist die alte Zähringerstadt Villingen wegen ihres historischen Kerns sehenswert. Die mittelalterliche Straßenanlage hat mit den Ringmauern und den drei Stadttoren die Zeitläufte nahezu unverändert überstanden. Wahrzeichen der einst wichtigen Handelsstadt ist das frühgotische Liebfrauenmünster mit seinen beiden ungleichen Türmen.

Waldkirch: Der aus einem Benediktinerkloster hervorgegangene Kneippkurort im Elztal ist Zentrum der Schwarzwälder Musikautomatenindustrie gewesen und war seit dem Mittelalter berühmt wegen seiner Edelsteinschleifereien. Von diesen beiden traditionellen Handwerkskünsten kann man sich bei einem Besuch des Heimatmuseums bestens überzeugen. Es befindet sich im Propsteigebäude direkt neben der von Peter Thumb erbauten barocken Pfarrkirche. Wer aus dem Elztal nach Westen zur Kreisstadt Emmendingen fährt oder wandert, kommt an der Burgruine Hochburg vorbei. Mit ihren gewaltigen Dimensionen ist sie – nach dem Heidelberger Schloß – die zweitgrößte badische Burganlage, und beim wunderbaren Blick von den Festungswällen wird deutlich, warum sich Emmendingen mit Recht „Tor zum Kaiserstuhl und Schwarzwald" nennt.

Waldshut-Tiengen: Um 1200 wurde Waldshut am Hochrhein gegenüber der Schweizer Aare-Mündung von den Staufern gegründet. Geprägt wird die Kreisstadt durch die malerische Kaiserstraße mit schönen Bürger- und Zunfthäusern aus dem 16. bis 18. Jahrhundert und den spätgotischen Stadttoren. Beim schon 853 urkundlich erwähnten Tiengen mündet die jetzt gebändigte Wutach in den Rhein. Fast mittelalterliche Atmosphäre wird im August bei der traditionsreichen „Chilbi" lebendig.

Wandern: 23000 km Wanderwege wurden seit 1864 – dem Gründungsjahr des Schwarzwaldvereins – von Tausenden ehrenamtlicher Wegewarte angelegt und beschildert. Die klassische Wanderroute ist der 275 km lange „Westweg" zwischen Pforzheim und Basel, dessen elf Tagesetappen besonders abwechslungsreiche Wanderungen mit wunderbaren Ausblicken bieten. Mehr durch dichte Wälder verläuft der 228 km lange „Mittelweg" zwischen Pforzheim und Waldshut, und an historischen Stätten vorbei führt der 237 km lange „Ostweg" zwischen Pforzheim und Schaffhausen mit seinem Rheinfall. Besonders lohnend im Frühling und Herbst ist der Ortenauer und der sich südlich anschließende Breisgauer Weinwanderweg. Und wer vom Rhein zum Bodensee wandern will, der braucht nur den Markierungen der Querwege „Rhein – Kaiserstuhl – Schwarzwald" und/oder „Freiburg – Bodensee" zu folgen. Nicht vergessen: brauchbare Ausrüstung, (Not-)Verpflegung, gute Karten und – besonders zu den Hauptwanderzeiten –

Voranmeldung bei der vorgesehenen Unterkunft, die es im Schwarzwald von der zünftigen Hütte bis zum komfortablen Hotel gibt.

Wildbad: Von diesem im Enztal gelegenen Thermalbad führt eine Bergbahn auf den Sommerberg. Er ist Ausgangspunkt für reizvolle Wanderungen, beispielsweise zum Hochmoor um den Wildsee. Wildbad war früher der wichtigste Kurort Württembergs.

Wintersport: Bessere Langlaufmöglichkeiten als im Schwarzwald gibt es in Mitteleuropa kein zweites Mal. Von Weihnachten bis weit in den Frühling hinein sind Hunderte Kilometer Loipen maschinengespurt. Neben vielen Rundkursen können die Langläufer sich auch an Ski-Fernwanderwegen erfreuen. Die klassische Tour beginnt am Loipenzentrum Thurner und führt (bei insgesamt 2300 m Höhenunterschied) über den Feldberg und Belchen. Auf dieser hundert Kilometer langen Strecke – für die man sich zwei oder drei Tage Zeit nehmen sollte – ist der ganze Reiz des Südschwarzwaldes zu erspüren. Als Langlaufzentren genießen die Loipen beim Kniebis, um die Martinskapelle, die Thurnerspur, die Notschreistrecken (am Wochenende besser meiden) und Belchen-Hohtann den besten Ruf. Wie populär der Skilanglauf im Schwarzwald ist, erweist sich jedes Jahr beim „Skimarathon" zwischen Schonach und Hinterzarten, einem der reizvollsten und schwierigsten Volksläufe der Welt. Doch auch die Abfahrer wissen den schneesicheren Schwarzwald mit seinen fast 300 Liftanlagen zu schätzen. Von leicht bis schwer reicht der Schwierigkeitsgrad, und die weltcup-bewährte Strecke im Fahler Loch mit 450 m Höhenunterschied hat sogar alpinen Charakter. Hauptanlaufstelle für die Abfahrtsläufer ist der Feldbergpaß, dessen Gipfel bis auf 1450 Meter Höhe von einem Lift erschlossen ist.

Erich Spiegelhalter, geboren 1940 in Dachsberg im Südschwarzwald, Studium in Freiburg im Breisgau. Seit 1973 intensive Beschäftigung mit der Landschaftsfotografie. Zahlreiche Veröffentlichungen in Zeitschriften, Büchern und Kalendern. Vertreten durch die Bildagentur FOCUS in Hamburg. Bildbände: Schwarzwald, Zauber einer Landschaft; Altrhein – Verlorenes Paradies; Cevennen – Verlassenes Land; Bretagne – Küste im Wind; Weit im Westen; Stille des Nordens; Winzernester zum Verlieben – Baden; Freiburg. Seit 1980 eigener Foto-Kunst-Kalender „Schwarzwald".

Die Bilder dieses Buches wurden mit Canon F 1 und T90 auf Filmmaterial von Fuji (Fujichrome 50, 100, 400) aufgenommen.

Hans-Jürgen Truöl, geboren 1947 in Schorndorf. Geisteswissenschaftliches Studium in Nürnberg. Arbeitet als Tageszeitungsredakteur zwischen Rhein und Schwarzwald. Buch- und Zeitschriftenautor über regionale Themen und mitteleuropäische Reiseziele. Buchveröffentlichungen: Altrhein – Verlorenes Paradies; Das Elsaß; Anmutiges Emmendingen; Erlebnis Freiburg; Morgenstreich, Larven und Laternen; Der Rhein; Stadtführer Freiburg.

Reproduktionen: rete Grafische Kunstanstalt GmbH, Freiburg
Herstellung Freiburger Graphische Betriebe 1987
ISBN 3-451-20839-3